SIÉGE ET BOMBARDEMENT

DU

FORT MORTIER

SIÉGE ET BOMBARDEMENT

DU

FORT MORTIER

PRÈS NEUF-BRISSAC

(Haut-Rhin)

PAR

CHRÉTIEN FLECK

UN VOLONTAIRE, PRISONNIER DE GUERRE A RASTADT

PARIS

DE L'IMPRIMERIE F. DEBONS ET Cie

RUE DU CROISSANT, 16

1873

SIÉGE ET BOMBARDEMENT

DU

FORT MORTIER

Le fort Mortier, dépendance de la ville forte de Neuf-Brisach, à laquelle il sert d'avant-poste du côté de l'Allemagne, est situé sur la rive gauche du Rhin.

Vieux-Brisach, petite ville allemande, autrefois fortifiée, se trouve en face du fort et le domine du côté de l'est, d'une hauteur au bas de laquelle coule rapidement le Rhin, en séparant l'Alsace du grand-duché de Bade. A l'ouest et à trois kilomètres de là, on rencontre Neuf-Brisach avec ses quatre grandes portes, dont l'une au nord, l'autre au sud, la troisième à l'est et la quatrième à l'ouest; sauf l'église et les quatre grandes casernes, à côté de chaque

1.

porte, la ville, fortifiée par Vauban, est entièrement cachée par les remparts et les glacis qui l'entourent. Le fort Mortier, d'après l'inscription taillée dans une grosse pierre au dessus de sa porte principale, a été bâti en 1675. Placé en sentinelle dans une petite plaine à côté du pont flanqué sur le Rhin devant Vieux-Brisach, il surveille ce passage conduisant de la France en Allemagne. En 1814, défendu par une quarantaine de nos braves, il empêcha les Allemands de passer le Rhin dans cet endroit. Du côté du nord et de l'ouest, de haut glacis mettent ses remparts à l'abri; au sud et à l'est, le mur du rempart, dont la face s'offre au Vieux-Brisach est entièrement à découvert. De ce côté, les glacis sont remplacés par un bras du Rhin, ou plutôt une petite rivière qu'on nomme la Guise, rivière de trois mètres de large environ, et assez profonde et calme, dont les eaux s'écoulent lentement le long du rempart et vont se répandre, vers le sud, dans un terrain marécageux, couvert de joncs et de saules, appelé l'Ile-de-Paille, terrain qui rend, de ce côté, le fort presque inaccessible. Du nord est au sud-est, en dehors des glacis, le creux d'un fossé large, mais aujourd'hui presque à niveau de la plaine, peut à volonté être rallié à la

Guise, dont les eaux peuvent alors entourer le fort de tous côtés.

Ce cercle d'eau sert de première enceinte au fort; puis vient le large et profond fossé des remparts que les eaux de la rivière peuvent également remplir dans très peu de temps. Deux grands bâtiments, construits en triangle, forment les principaux logements du fort. La toiture et les hautes cheminées de ces deux casernes à trois étages, surpassent les remparts et peuvent être vus de très-loin.

L'entrée principale du fort est sous une large voûte fermée par une grosse porte en chêne, couverte extérieurement d'une plaque de fer; de l'intérieur du fort, moyennant deux grosses chaînes, on lève le pont-levis jeté sur le fossé des remparts, et qui forme une deuxième porte garantissant et cachant l'épaisseur et la solidité de la première. Au-dessus de cette voûte et l'entrée principale, s'élevait un troisième bâtiment où se logeait le casernier du fort. Surmonté d'une petite tour semblable à celles que l'on voit sur la maison Commune, ce logement indiquait et laissait deviner de loin l'endroit et l'existence du fort Mortier. Dans la petite tour, une horloge à deux cadrans, qu'un horloger de Neuf-Brisach venait régler tous les jeudis, marquait l'heure aux soldats de la garnison. Au nord et au sud, le fort était flanqué d'un batardeau, chaque batardeau avait sa petite porte d'entrée donnant sur le fossé des remparts et cachée par la hauteur des glacis, qui, par ces couloirs crénelés se trouvaient liés aux remparts. L'intérieur du fort présente un triangle dont la surface est d'environ quatre cents mètres carrés. La base de ce triangle est formée par les remparts du côté de Vieux-Brisach, et sous lesquels se trouvaient la poudrière, un atelier d'artillerie, trois casemates et la boulangerie. Sous le bâtiment du casernier, à droite de l'entrée principale du fort, se trouvait le corps-de-garde ; à gauche, un magasin de vivres et une casemate.

L'unique et principal chemin conduisant au fort donnait sur la route de Neuf-Brisach à Biesheim, village situé à environ huit cents mètres, au sud-ouest du fort. Le long de ce chemin, entre le fort et Biesheim, se trouvaient un moulin, un château entouré d'un vaste jardin fruitier, deux ou trois maisons de campagne, des prairies couvertes d'arbres. Tout cela nous empêchait de voir et d'observer ; plus tard, l'ennemi en profita, s'y abrita et s'approcha quelques fois bien près de nous sans que nous pussions lui faire beaucoup de mal de ces côtés. Un peu à gauche de ce chemin, à l'endroit où ce dernier rejoint la grande route, s'élève aussi le monument mortuaire du grand général dont le fort porte le nom. Une ligne télégraphique, à travers champs, était établie du fort à Neuf-Brisach. C'est ce service que je dirigeais au fort.

GARNISON DU FORT.

La garnison du fort Mortier était forte de 250 hommes environ, et se composait de la 8e compagnie du 74e de ligne, de quelques hommes de la 7e compagnie du même régiment, de 50 gardes mobiles du Haut-Rhin et d'un brigadier avec 4 hommes du 6e régiment d'artillerie. Ces derniers ont eu, comme auxiliaires, des gardes mobiles et quelques hommes d'infanterie.

Les officiers qui s'y trouvaient sont :

M. Castelli, capitaine au 74e de ligne, commandant supérieur du fort.

M. Jarrige, sous-lieutenant au même régiment.

M. Heuschel, lieutenant de la garde mobile du Haut Rhin.

M. Sée, sous-lieutenant.

M. Bailliet, gardien de batterie, commandant l'artillerie.

COMPOSITION DE L'ARMEMENT DE DÉFENSE DU FORT.

Canons et mortiers.

N° 21, *Le Cruel*, canon de 12 rayé de place.
N° 30, *L'Ange*, *id.*
N° 130, *Le Farouche*, *id.*
N° 1, *Le Sufrène*, obusier de 16 de campagne.
N° 6, *Le Meléagre*, canon de 16 lisse de siège.
N° 1, mortier de 22.
N° 3, mortier de 22
Total de bouches à feu ci. . . . . 7.

Obus et projectiles de ces pièces.

Obus oblongs pour canon de 12 rayé. 255
Obus sphériques pour obusier de 16 de campagne ci. 100

A reporter. 355

Report	355
Boulets pleins pour canon de 16 de siège ci.	100
Bombes pour mortier de 22.	300
Boîtes à mitrailles pour canon de 12 de siège ci	9
Boîtes à mitraille pour canon de 12 rayé ci.	45
Boîtes à mitraille pour obusier de 16 de campagne. . . . . , ...	10
Total des projectiles.	819

Munitions et artifices.

Poudre à canon.	2,000	kil.
Etoupilles fulminantes ci.	700	»
Cartouches pour fusil chassepot ci.	24,543	»
Cartouches pour fusil à tabatière. .	16,590	»

---

14 septembre.

Le 14 septembre un combat s'est livré dans la petite plaine à l'ouest du fort. Cet engagement a eu lieu entre les éclaireurs de l'ennemi et les francs-tireurs de Neuf-Brisach, soutenus par quelques hommes de cette garnison, les gardes nationaux de Biesheim et de Saasheim. L'ennemi étant à une trop grande distance du fort, nous n'avons pas pu tirer sur lui ce jour.

Si nous n'avons pas pris part au combat, la sensation et l'agitation n'étaient pas moins fortes chez nous. La petite garnison était sur pied, les artilleurs à leurs pièces, l'infanterie et les gardes mobiles couchés sous les remparts.

On n'entendait qu'un seul cri : « Les Prussiens ! les Prussiens ! » Quel changement ! quel élan entraînant s'était glissé tout-à-coup parmi ces hommes que l'ennui paraissait avoir gagné. Autrefois si tristes et si sombres, on les voyait en ce moment, la figure pâle, les lèvres serrées, saisir leurs armes, jeter un coup-d'œil sur le fusil et s'assurer s'il était bien en état de faire feu. Je ne veux pas dire que ce fut la curiosité de voir l'ennemi qui les poussait vers les remparts ; car, je crois, que quelque chose de plus fort les attirait là où il pouvait y avoir du danger. Ceux qui n'étaient pas de service forçaient la consigne, disputaient aux camarades l'honneur de faire feu ; chacun voulut le premier voir et saluer les Allemands. Quelques coups de fusil seulement furent tirés ce jour sur des uhlans trop hardis, ignorants sans doute, la longue portée de nos chassepots. Une heure après, l'ennemi avait disparu. Il n'avait pas tiré sur nous. Dans la journée, trois jeunes gens sont venus se présenter au fort ; un était blessé à la tête par un coup de sabre. Sa blessure devint mortelle ; il avait perdu trop de sang et succomba le lendemain, à l'hôpital, à Neuf-Brisach, où nous l'avions fait transporter. La victime, la seule que nous eûmes dans cette journée, était un volontaire de la garde nationale de Saasheim, accouru au secours de celle de Biesheim que l'ennemi avait attaquée.

Le restant de la journée fut calme, la nuit tranquille, la garnison plus éveillée, les sentinelles plus vigilantes : deux ou trois coups de feu tirés du haut des remparts par quelque sentinelle qui aura cru voir un uhlan marauder autour du fort.

---

15 septembre.

Le 15 septembre, dès six heures du matin, la garnison fut sur pied ; ceux qui avaient été de piquet pendant la nuit du 14 au 15 rompirent les faisceaux et prétendirent que l'ennemi n'avait nullement l'intention de nous attaquer ; les jeunes soldats et les gardes mobiles qui n'avaient jamais fait la guerre, trouvèrent à redire à ce que le capitaine leur avait défendu de se déshabiller et de se coucher dans le lit.

Cependant on était dans une anxieuse attente. Vers les dix heures du matin, un paysan de Biesheim vint nous dire que l'ennemi avait pris le chemin de Kuenheim. Sur la route de Neuf-Brisach au Rhin, se trouvait un grand pont sur un bras du fleuve. Ce pont avait été miné et était construit tout en pierres de taille, avec deux belles rampes en fer. Il existait à peine depuis une dizaine d'années et avait coûté près de cent mille francs. Les Prussiens pouvant venir de ce côté, pour rendre ce passage plus difficile, le capitaine a cru devoir le faire sauter. Quelques hommes étaient déjà occupés à cet ouvrage quand on vint nous prévenir que les uhlans chevauchaient du côté de Biesheim. Ce fut assez, le capitaine n'hésita plus : le pont était condamné ; à une heure quarante minutes, une terrible détonation se fit entendre à deux cents mètres au sud-ouest du fort ; le pont venait de sauter. Le travail pénible de deux ou trois mois, les cent mille francs que le gouvernement avait dépensés étaient à ajouter aux ruines de la guerre.

Voici le travail du 15 septembre, l'ennemi ne se fit pas voir ce jour, et n'avait peut-être pas songé à nous rendre visite.

16 septembre.

A partir de ce jour jusqu'au 7 octobre, l'ennemi ne se fit plus voir dans les environs ; on essayait de se persuader que le combat du 14 n'avait eu lieu que par quelques cavaliers ennemis, égarés dans leur route, et que le fort et Neuf-Brisach n'avaient plus rien à craindre.

Le lendemain le pont-levis fut baissé, la grande porte ouverte, et la garnison reprit son travail et ses exercices sur les glacis en dehors du fort. Comme d'habitude les soldats allèrent à la corvée à Neuf-Brisach : le pain, la viande, les vivres, en général, les lettres, tout ce qui n'était pas urgent et d'une haute importance nous fut envoyé par cette voie. Ce n'était plus une corvée pour nos soldats, c'était plutôt une faveur que le capitaine accordait à ceux désignés à ce service, faveur qui pour les hommes, avait une certaine valeur. Sortir du fort, respirer le grand air, promenade jusqu'à Neuf-Brisach, où ils trouvaient ordinairement des amis, des camarades, quelque parent, voilà ce que nos soldats et gardes mobiles voulaient. On a vu des hommes acheter ce service à leurs camarades destinés à cette corvée.

Nous restâmes ici quelques jours dans la même situation, sans aucune nouvelle inquiétante. On n'était pas rassuré pourtant, car de vagues bruits, rapportés de Neuf-Brisach par quelque soldat, circulaient au sujet de l'approche de l'ennemi. Quoique je reçusse, par voie télégraphique, presque toutes les nouvelles les plus importantes, j'assistai tous les soirs, avec un certain contentement, à l'arrivée des soldats venant de la ville. Presque toujours, il y avait du nouveau, mais chaque fois plus ou moins vrai.

Tantôt on disait que les troupes ennemies qui se trouvaient dans le Bas-Rhin, s'étaient mises en route pour le Haut-Rhin où la guerre devait seulement commencer. Un jour ce fut à Chalampé que l'ennemi avait fait un pont sur le Rhin, une autre fois ce fut à Marckolsheim.

Vingt-trois jours se passèrent ainsi. Bien souvent le fort était plein d'une rumeur qui mettait les cœurs en joie, mais souvent aussi ce fut le contraire. Ce qui n'était pas inventé, car je l'avais déjà appris par le télégraphe, et ce qui circulait aussi, c'est qu'une armée de dix mille hommes environ avait passé le Rhin à Chalampé; que Mulhouse, Ensisheim et les villages voisins étaient complétement occupés par les troupes allemandes, qui avaient fait des réquisitions de vivres, enlevé les fusils des gardes nationaux et pris des informations sur Neuf-Brisach et le fort Mortier.

---

7 octobre.

Les opérations nécessitées par la défense du fort n'étaient pas encore achevées, que l'ennemi était déjà aux portes de Neuf-Brisach.

Le 7 octobre à midi trente minutes quelques coups de canon se firent entendre dans la forêt de Volfgantzen, village situé sur la route de Colmar, à quatre cents mètres environ à l'ouest de Neuf-Brisach. C'étaient des obus que les ennemis envoyaient en ville : trois ou quatre coups seulement, l'ennemi avait pointé ses pièces. Le restant de l'après-midi se passa donc dans le calme. Nos artilleurs qui, au bruit lointain du canon, s'étaient empressés de charger leurs pièces et de porter des charges sur le rempart, en furent quittes pour cette peine. Neuf-Brisach était endormi, lorsqu'à neuf heures et demie une détonation terrible retentit dans la ville. Pendant deux heures entières les coups de canon se succédèrent presque sans interruption.

Le bruit épouvantable qui se répétait sourdement dans le silence de la nuit avait mis en émoi toute notre garnison. Tout le monde fut sur le rempart. Nos canonniers tantôt tristes, tantôt furieux, auraient voulu répondre au canon de l'ennemi, et aider Neuf-Brisach ; chose impossible, les artilleurs allemands avaient trop bien choisi l'endroit pour placer leurs batteries. La distance qui nous en séparait était trop grande. A dix heures et demie, une vive lueur couvrit tout à coup la ville; un immense incendie venait d'éclater dans le quartier de la mairie. Le feu fit des progrès rapides, et, en quelques instants, je ne sais combien de bâtiments ne formèrent plus qu'un seul brasier. Du rempart de Neuf-Brisach, l'artillerie répondit avec énergie aux décharges de l'ennemi et vers onze heures l'effrayant tapage cessa.

D'intervalle en intervalle, nous entendîmes le bruit des soldats de Neuf-Brisach, cherchant à maîtriser le feu de l'incendie. Que pouvions-nous faire dans un moment semblable ? quelle douleur pour nous, témoins d'un si effrayant spectacle de ne pouvoir prêter assistance à nos camarades, à nos amis, aux pauvres habitants de la ville?

On augmenta les sentinelles sur nos remparts, les canonniers veillaient à côté de leurs pièces, le restant des hommes se retira et se coucha. Personne, je crois, ne put et n'osa s'endormir ; chacun avait le bruit et l'effrayant tableau devant les yeux, et n'avions-nous pas le droit de réfléchir et de penser qu'à chaque instant nous pouvions subir le même sort que notre ville dont nous formions l'avant-poste? Heureusement encore il n'en fut rien, le grand jour arriva sans le moindre incident, comme si l'ennemi ignorait notre existence. A partir de ce jour, et jusqu'au 14 octobre, tout se passa comme d'habitude, et dans notre fort, même du côté de Neuf-Brisach, on n'entendit plus rien. Ces jours-là, comme bien souvent, le fort était plein d'une rumeur d'espérance qui égayait nos soldats; on disait que les troupes ennemies, qui se trouvaient dans le Haut-Rhin, s'étaient concentrées rapidement pour se diriger du côté de Schlestadt et les Vosges, où quelque événement extraordinaire devait se passer. On osa même dire que le corps d'armée du maréchal Bazaine marchant sur les frontières de l'Est, avait été signalé à l'ennemi, et que ce dernier allait à la rencontre de ceux qui venaient délivrer l'Alsace. Pour mieux confirmer cette nouvelle, puisée je ne sais à quelle source, on disait avoir entendu une vive fusillade suivie de coups de canon, à une distance de trois ou quatre lieues environ de chez nous.

Les mouvements de troupes, l'évacuation du Haut-Rhin par les troupes allemandes, l'arrivée du corps d'armée du maréchal Bazaine surtout, pure invention. Ce qui n'était pas inventé, ce que l'on disait aussi, et ce qui malheureusement se confirmait plus tard, c'est que l'ennemi avait attaqué et bombardé Schlestadt. L'ennemi s'était retiré, en effet, et avait repris la route de Colmar et de Mulhouse : sa mission était remplie. Il avait reconnu les alentours de la place de Neuf-Brisach, l'état de ses travaux de défense, les voies de communication qui l'entouraient et qui conduisaient d'un village à l'autre. Quant au fort je suis persuadé, et c'est ce que je vais vous expliquer plus loin, que l'ennemi en avait une parfaite connaissance. L'ennemi s'était donc retiré, mais il devait revenir !...

Ce fut aussi à partir du 7 octobre que nos soldats n'allèrent plus chercher nos vivres en ville, les portes étant fermées, et ne devant plus s'ouvrir que pour capituler.

Les vingt-quatre bêtes à cornes que nous avions dans le fort devaient nous suffire, avec les autres provisions de bouche, pour la durée du siége. En effet, notre magasin de vivres était, sous ce rapport, assez bien pourvu. Par prévoyance, M. le commandant de la place de Neuf-Brisach nous envoya encore, mais cette fois-ci sous bonne escorte, une vingtaine de sacs de farine, du café, du riz, deux tonneaux d'eau-de-vie, trois moutons, de l'huile et de la chandelle, ce qui nous permit, avec ce que nous avions déjà, d'évaluer nos vivres, pour le moins, pour une durée de quarante-cinq jours.

Dès lors, le fort fut isolé ; plus de fausses nouvelles, plus de rumeurs, plus de bruits mal fondés ; la seule communication qui resta entre le fort et la ville fut le télégraphe.

---

8 octobre.

Le fort avait ce jour-là un aspect étrange. Le commandant avait prévenu les soldats que les bâtiments allaient être vidés et que l'on eût à déménager et à se loger dans les casemates. Quel spectacle étrange que des soldats en déménagement précipité! La cour du fort fut remplie d'objets de literie, de vieux pantalons, de képis, de souliers, d'épaulettes, etc., etc. L'ensemble de toutes ces choses formait l'étalage d'un fripier, le jour d'une foire. Ce n'est qu'à grande peine que le capitaine parvint à mettre l'ordre et à faire ramasser ces choses inutiles.

La nuit du 8, la mesure fut mise en vigueur. Chaque soldat avait apporté son matelas et sa couverture; chaque casemate avait accroché une chandelle, une lampe à sa voûte, et cet éclairage ne manquait pas d'une certaine originalité. Les chandelles et les lampes pendaient à des hauteurs si différentes, les unes dans le milieu de la voûte, les autres collées au mur, et le coup d'œil de ces points lumineux était si nouveau et si bizarre, qu'on se fût cru au milieu d'une taverne, d'un logement de quelque chef de brigands du moyen âge. Ces lumières n'éclairaient que faiblement, elles faisaient plutôt mieux voir l'obscurité dans laquelle étaient couchés pêle-mêle nos soldats, criant, s'arrachant les matelas, les couvertures et se disputant le peu de place qu'on leur avait donné pour se reposer.

---

9 octobre.

Du 9 octobre au 14, aucun fait important ne se passa dans le fort : on attendait toujours. Nos éclaireurs sortaient régulièrement deux fois par jour, tantôt dans ce village, tantôt dans l'autre, en civil; ils s'approchaient quelquefois bien près de l'ennemi, campé à Kuenheim et à Saasheim, mais ils n'apprenaient jamais de nouvelles importantes et positives. Les Allemands se gobergaient dans les villages environnants, faisaient des réquisitions de toutes sortes à volonté, à leur aise et sans dérangement aucun.

---

14 octobre.

Ce jour, nos sentinelles, comme toujours, placées de distance en distance sur les remparts, prêtaient l'oreille au moindre bruit, regardaient attentivement chaque objet qui se présentait à leurs yeux. Trompées par la vue, elles croyaient voir, même souvent, dans un simple paysan, travaillant ou se promenant dans les champs, un Prussien, un éclaireur, un espion allemand. Ce jour, cependant, malgré la grande surveillance, leur attention fut trompée. A neuf heures et demie, deux coups de fusil partirent du côté de l'Ile-de-Paille ; la première balle ennemie vint frapper contre le mur, au-dessus de la cuisine du fort. On avait tiré sur nos sentinelles et visé probablement le sous-lieutenant Sée, surveillant sa garde et se promenant sur les remparts. Plusieurs coups ont été tirés, mais heureusement les balles sifflèrent au-dessus de nous, sans nous toucher.

L'ennemi, caché dans les bois, les joncs et les saussaies de l'Ile-de-Paille, n'a pu être aperçu ; cependant il faut croire que les quelques coups de fusil que nous avions tirés dans cette direction, l'ont chassé, car il n'y répondit pas et l'on n'aperçut plus rien de ce côté : ces quelques coups tirés sur nous, ne firent qu'éveiller davantage la vigilance de nos sentinelles.

Vers une heure de l'après-midi, nous

avons pu distinguer, grâce à notre faible lunette d'approche, que nous possédions quelques uhlans, circulant dans les prés aux alentours de Biesheim.

M. Bailliet, gardien de batterie, commandant notre artillerie, pointa le canon (*le Farouche*) dans cette direction

Le capitaine commandant le fort, y mit le feu lui-même. Le premier coup dispersa l'ennemi; un deuxième le chassa complétement. La pièce avait été bien pointée. Deux heures après, un habitant de Biesheim vint nous assurer que deux uhlans avaient été tués, les autres étaient en fuite sur Kuenheim, village situé à une bonne lieue du fort. C'est dans ce village que les assiégeants avaient alors leur quartier-général.

---

15 octobre.

Le 15 octobre, à quatre heures du matin, une vive fusillade se fit entendre du côté de Weckolsheim et de Volfgantzen, villages situés au nord et à l'ouest de Neuf-Brisach.

La garnison de la ville avait fait une sortie

et avec succès. L'ennemi surpris et chassé de ces deux endroits, mais favorisé par un épais brouillard, parvint à se sauver sans être poursuivi. On prétend qu'il a eu deux cents hommes tués, mais ce qui est certain, c'est que les soldats de Neuf-Brisach ont amené avec eux treize prisonniers. De notre côté, il n'y a eu que quelques blessés et un douanier de disparu.

Du 15 au 26, nous n'entendîmes plus rien, l'ennemi nous laissa tranquilles; on eût pu croire que la sortie de Neuf-Brisach l'avait découragé et fait lever le siége.

En effet, l'ennemi s'était retiré dans la forêt où il attendait des renforts, se préparant à nous attaquer cinq jours plus tard, avec toutes ses forces réunies.

Pendant que nous restions dans l'inquiétude, dans l'attente d'une nouvelle attaque, on bombardait Schlestadt. Des bruits sourds, semblables au roulement du tonnerre, nous firent prévoir que la canonnade devait être vive de ce côté.

---

26 octobre.

Nous ne restâmes pas longtemps dans l'anxiété, car ce jour on nous assura, ce qui causa une forte émotion dans notre fort, que Schlestadt avait capitulé : en effet, le canon s'est tu, on n'entendit plus rien de ce côté. Nous fûmes persuadés alors que notre tour devait approcher.

Strasbourg avait signé sa capitulation le 28 septembre, Schlestadt était occupé par les Prussiens, Neuf-Brisach et le Fort-Mortier cernés : il n'y avait plus à douter, bientôt le canon ennemi devait gronder et vomir sur nous ses immenses et formidables projectiles.

---

27 octobre.

Dans la journée, un de nos éclaireurs, habillé en civil, sortit du fort pour s'assurer d'un bruit qui courait : l'ennemi devait élever un ouvrage derrière Biesheim. Cette fois ce n'était plus une invention, c'était la vérité. Notre éclaireur, qui, grâce à son déguisement, put approcher assez près des troupes allemandes pour voir ce qu'elles avaient l'intention de faire, eut l'heureuse idée de prendre, comme point de mire, un grand peuplier s'élevant à côté de l'endroit où les artilleurs ennemis voulaient placer une batterie. D'après ce renseignement exact, et en prenant la direction par l'arbre indiqué que nous vîmes parfaitement bien, nous parvîmes, après un tir de quelques coups de canon, à détruire la redoute que l'ennemi avait élevée.

---

28 octobre

La journée du 28 fut calme; on écoutait sans entendre, on regardait sans voir; un profond silence régnait de tous les côtés. Pour nous, ce silence n'était point naturel : ce n'était pas ce calme précieux que réclame le solitaire, au milieu d'une plaine, d'une forêt ou d'une île, c'était pour nous quelque chose d'inquiétant, un silence inspirant la peur, un événement dangereux; c'était un silence de mort!

---

29 octobre.

A six heures du matin, un habitant de Biesheim vint nous avertir qu'un grand nombre de soldats prussiens étaient arrivés et occupaient le village.

Des sentinelles avaient été placées à l'entrée et à la sortie du village.

Défense formelle aux habitants de sortir de chez eux sous aucun prétexte. Pour s'assurer de la sévérité qu'employa l'ennemi envers Biesheim, et croyant obtenir quelques renseignements, le commandant du fort envoya le sergent Bourrol de la 5e compagnie du 74e de ligne, avec douze hommes, dans la direction du village. A peine cette poignée d'hommes avait-elle franchi le jardin de M. Nœttinger, à cinq cents mètres du fort, que les soldats formant l'avant-garde de cette petite troupe se replièrent. Ils avaient vu l'avant-poste prussien. Ce dernier, fort de cinq hommes, était placé et caché derrière le monument du général Mortier, à environ quatre cents mètres de Biesheim. D'intervalle en intervalle, une sentinelle allemande se promenait sur la route conduisant dans le village. Notre sergent, habile et courageux soldat, et surtout très-bon tirailleur, après avoir bien étudié, et son plan d'attaque et la force de l'ennemi, fit coucher ses hommes; puis, rampant le long d'un fossé, ils parvinrent très-près des soldats prussiens, sans cependant pouvoir les cerner — comme ils auraient bien voulu.

Par un mouvement aussi bien compris que commandé, nos soldats firent feu sur l'ennemi. Ce dernier se mit aussitôt en fuite, se repliant sur le gros de l'armée.

Le sergent Bourrol, loin de se montrer et de poursuivre les fuyards auxquels il voulait faire croire à une attaque plus sérieuse, avait mieux calculé ses manœuvres Derrière le talus de la rivière, parallèle à la grande route, il fit avancer ses hommes, cherchant par ce moyen à couper la retraite et à barrer l'entrée du village aux soldats prussiens. Ce moyen, quoique très-bien combiné, n'a pas eu le succès désiré. Nos soldats, probablement, pas assez bien cachés, furent aperçus de l'ennemi qui avait été renforcé par quelques hommes.

C'est alors que, de part et d'autre, la fusillade commença et, quoique moins nombreux, nos soldats parvinrent à chasser l'ennemi jusqu'à Biesheim. On peut croire que c'était autant par feinte que par force, que les soldats allemands s'étaient repliés sur le village.

A peine arrivés à cent mètres des premières maisons que, de tous côtés, par les portes, les fenêtres, lucarnes, on fit feu sur nos douze hommes. Mieux encore, un peloton de cavaliers ennemis, était sorti du côté opposé de Biesheim et accourut au triple galop, cherchant à envelopper nos braves. Ce mouvement très bien commandé réussit mal, car nous étions là. Notre obusier « Le Sufrène » avait porté ses regards de ce côté et veillait sur nos hommes. Deux ou trois obus, bien dirigés, ont su mettre le « holà ! » à la cavalerie ennemie. Protégé ainsi par notre canon et voyant le danger, le sergent Bourrol a su ramener ses hommes au fort sans aucun blessé. Un soldat avait eu sa capote traversée par une balle. Du côté de l'ennemi, le sergent Bourrol nous affirma avoir vu tomber trois Prussiens

Le but de la reconnaissance était atteint, son succès complet, selon le désir du commandant du fort. Plus de doute, la grande route et les chemins étaient gardés, le village occupé par l'ennemi.

---

30 octobre.

Aucun événement ne signala cette journée, nos éclaireurs, toujours en civil, et rôdant autour du fort, ne nous rapportèrent aucune nouvelle importante.

L'ennemi occupait toujours les mêmes postes et les mêmes villages.

---

31 octobre.

La matinée du 31 octobre fut calme; dans l'après-midi le canon retentit du haut des remparts, d'où l'artillerie démolissait à coups de boulets les travaux de l'ennemi. Dans la soirée, des détonations partaient de temps en temps des remparts de Neuf-Brisach. A la tombée de la nuit, une vive fusillade et plusieurs coups de canon grondèrent du côté de Saasheim, village situé à l'est de Neuf-Brisach, en dehors duquel l'ennemi avait établi une forte batterie. Ce bruit nous inquiéta un moment, mais ne voyant rien, nous ne pûmes rien faire. C'était un engagement avec Neuf-Brisach.

Pendant près d'une demi-heure la fusillade

continua sans interruption ; à minuit encore, d'intervalle en intervalle, les grosses pièces placées sur le rempart de la porte de Bâle tonnaient avec fracas.

Le fort s'est aussitôt rempli de toutes sortes de bruits, au sujet de plusieurs attaques qui auraient été tentées de ce côté. Le lendemain, on nous assura qu'une tentative avait été faite sur ce point de la ville.

C'était le petit poste avancé, à côté du cimetière, que des détachements ennemis avaient essayé de surprendre.

1er novembre.

Vers deux heures du matin, une fusillade assez bien nourrie se fit entendre dans l'Ile-de-Paille, du côté du Rhin. Elle avait été échangée entre deux patrouilles allemandes. Dans l'obscurité de la nuit, et surtout dans les bois, on peut se tromper.

Un seul événement signala cette journée, mais il suffit pour mettre le fort en mouvement et pour animer les conversations. A trois heures de l'après-midi, une femme venant de Marckolsheim (Bas-Rhin) se présenta au fort porteuse de plusieurs lettres pour Neuf-Brisach ; elle est venue se réfugier chez nous, car, en traversant l'Ille-de-Paille, l'ennemi avait tiré sur elle.

C'est par cette personne que nous apprîmes que de nombreux canons et beaucoup d'infanterie prussienne se dirigeaient sur Brisach et le fort.

Après lui avoir donné à manger et à boire, et lui avoir indiqué le chemin le plus sûr et le plus court pour Neuf-Brisach, elle prit congé de nous pour se rendre à sa destination où je l'avais déjà annoncée par voie télégraphique. L'après-midi fut presque calme; quelques coups de canon tirés du haut des remparts, troublèrent seuls la fête de la Toussaint que l'on célébrait dans les villages environnants. Vers trois heures du soir, les sentinelles des remparts du côté du Rhin, crurent apercevoir des travailleurs badois, à mille mètres environ, à gauche du Vieux-Brisach et à deux cents mètres de la rive de l'autre côté du fleuve. Aussitôt prévenus, capitaine, lieutenant et sous-lieutenant voulurent, moyennant leur lunette d'approche, s'en assurer. Mais cette lunette, plutôt faite pour le théâtre que pour cette sorte de service, était trop faible pour permettre de distinguer parfaitement les hommes et l'ouvrage qui se faisait sur le territoire allemand.

Les uns prétendaient reconnaître en ces travailleurs des bourgeois du Vieux-Brisach, renforçant la digue du Rhin et voulant empêcher par ce moyen ce fleuve de sortir de son lit, nous sauvegardant ainsi d'une inondation qui aurait, après tout, pu avoir lieu, attendu que les eaux étaient fortes et très hautes. Quelques jours avant, M. le commandant de la place de Neuf-Brisach, sur la demande du gouverneur des travaux du Rhin (rive allemande), avait accordé des travaux de sûreté de ce genre le long du fleuve : donc en se basant sur cette permission, la supposition était possible et elle fut admise par le commandant du fort et par un grand nombre de soldats. D'autres, du nombre desquels j'étais, prétendaient voir des soldats badois établissant une batterie dirigée contre nous. Comme, disait-on, un traité conclu avec les Badois dit que l'on ne tirera pas sur nous de Vieux-Brisach tant que nous ne ferons pas feu sur la ville, la dernière hypothèse fut rejetée.

Chacun s'arrangeait alors pour son propre compte une politique commode, une politique dont il pressentait le doute, l'incertitude, mais qu'il s'efforçait de croire toute naturelle. L'homme juge souvent comme impossible ce qui pourrait lui être désagréable ou même funeste, et dans sa tête, il trace aux événements une marche à sa guise. Puis vient la réalité, et ce bel avenir d'illusions, d'imaginations douteuses est évanoui.

C'est ce qui arriva chez nous, à notre commandant et à ceux qui crurent comme lui. Maintenant sont-ils coupables ? Pourquoi n'avions-nous pas dans notre fort, une bonne longue vue, qui, il me semble, aurait été d'une grande utilité et de première nécessité ?

Aurions-nous dû tirer sur ces travailleurs ? Nous ne l'avons pas fait, nous nous sommes contentés de les regarder travailler.

---

2 novembre.

Le mercredi 2 novembre, jour des Morts, était, d'après le rapport de nos éclaireurs et celui d'une femme venant du Bas-Rhin, le jour que l'ennemi devait nous attaquer.

Une fièvre pénible tourmentait les esprits

de nos soldats et l'on avait je ne sais quel pressentiment vague des angoisses qui devaient naître, des souffrances qui devaient venir. Dès le point du jour les soldats furent sur pied, on s'interrogeait partout, et dix fois on s'adressait la même question : « Eh bien, c'est pour aujourd'hui ! » Depuis le matin, ces premiers mots formèrent le sujet de la conversation. En effet, nous ne nous étions pas trompés. A huit heures du matin, une batterie ennemie placée sur la rive allemande du Rhin, à environ mille mètres à gauche de Vieux-Brisach, et au même endroit où nous avions vu travailler la veille, fit feu sur nous.

J'étais occupé à transmettre une dépêche à Neuf-Brisach, d'où le canon grondait déjà. La chambre dans laquelle j'avais installé mon appareil du télégraphe, était située au premier étage, au sommet de l'angle formé par les deux principaux bâtiments du fort. Elle recevait le jour par deux fenêtres se faisant face, l'une donnant sur l'extérieur et s'ouvrant sur le rempart du côté de Neuf-Brisach, l'autre sur l'intérieur et s'ouvrant sur la cour du côté du Rhin. C'est près de cette dernière que j'étais assis, occupé à communiquer avec Neuf-Brisach, quand tout à coup retentit dans le lointain le bruit du canon ; aussitôt un sifflement perçant traversa les airs et deux obus vinrent passer au-dessus de nous. Tout en continuant mon travail, j'écoutai le canon ; cinq minutes après, une détonation terrible retentit dans le fort. C'était un obus que les Badois envoyaient de la batterie placée de l'autre côté du fleuve. Ce premier obus vint tomber sur le bâtiment, juste au-dessus de la cuisine, en face de mon bureau, brisa la toiture, traversa le premier étage et éclata au milieu d'une chambre : les carreaux étaient réduits en miettes, les débris de tuiles et de pierres avaient été lancés au milieu de la cour et jusque sur mon appareil.

Frôlé de bien près par des débris de toutes sortes, j'évacuai ma chambre, emportant mes effets et mon lit. Grande fut la frayeur qui régnait alors dans le fort. Les sections d'infanterie, non de service, s'étaient réfugiées dans les casemates et bâtardeaux ; celle de garde veillait, prête à porter secours aux soldats que les projectiles auraient pu blesser.

Bientôt un autre projectile suivit le premier, et pendant deux heures et demie les obus sifflaient dans les airs, puis tombaient dans les fossés, sur les remparts, dans la cour, sur les bâtiments, et éclataient avec fracas.

L'artillerie, du haut de nos remparts, répondit avec énergie aux décharges de l'ennemi, et, vers onze heures, l'effrayant tapage cessa. La promptitude et la justesse du tir de nos artilleurs fit cesser le feu de l'ennemi : sa batterie était démontée. Neuf-Brisach, quoique attaqué en même temps et de trois points différents, nous seconda dans cette première attaque. De temps en temps les sifflements se croisaient, les obus de 24 passaient au-dessus du fort et allaient éclater avec un bruit terrible de l'autre côté du Rhin. Malgré la vivacité avec laquelle nous ripostâmes au feu de l'ennemi, il parvint à nous faire beaucoup de mal, pendant ces trois heures. Les cheminées furent abattues, la toiture effondrée, les plafonds percés, des poutres brisées, les tuiles, les carreaux, les volets réduits en pièces et les débris avaient été lancés dans la cour, sur les remparts, sur les escaliers qu'ils encombraient au point d'obstruer le passage.

Un obus abattant la cheminée de la cuisine, où, à cette heure, les hommes faisaient la soupe, avait lancé des éclats sur le foyer, fait sauter le couvercle de la grande marmite remplie d'eau bouillante, qui, en se répandant, brûla gravement les deux cuisiniers. Ces derniers, voulant se sauver, furent arrêtés par d'autres soldats qui, malgré le danger — car on ne pouvait traverser la cour sans risquer vingt fois d'être tué par les projectiles qui éclataient de tous côtés, s'étaient précipités de ce côté pour chercher leur déjeuner.

Quelle cohue ! quel triste aspect offrait en ce moment l'intérieur de la cuisine. Pleine de fumée, jonchée de décombres ; les marmites pleines de briques, de poussière, les gamelles roulant par terre, les tables renversées, la viande dans le feu, le pain dans les cendres, et au milieu de tout cela, les soldats aveuglés par la fumée, criant, tâtonnant, pour trouver de quoi manger et cherchant ensuite une issue pour se sauver. L'un emportait un gros morceau de viande à moitié brûlée, l'autre un morceau de pain roulé dans les cendres, un troisième deux ou trois gamelles remplies d'eau sale, trouble, croyant ainsi procurer de la soupe à ses camarades qui, n'osant pas s'y hasarder, attendaient avec impatience l'arrivée de celui qui s'était exposé pour eux. Il est impossible de décrire l'émotion qui régna au fort durant ce premier bombardement. Par un hasard heureux, nous n'eûmes qu'un seul homme légèrement blessé ce jour-là ; malgré ce va et vient des casemates aux remparts, des remparts à la cuisine, à travers une cour, à côté des bâtiments sur lesquels les obus éclataient avec un bruit épouvantable. Dans l'après-midi, le feu de l'ennemi s'était ralenti ; de temps en temps un coup de canon d'une batterie volante, c'est-à-dire des pièces d'artillerie qui, après avoir tiré quelques coups, sont traînées sur un autre point où elles lancent encore quelques projectiles; elle circula ainsi le long du Rhin, car les obus passaient souvent au-dessus de nous et tombaient dans des directions diverses.

C'est vers les deux heures que le feu de l'ennemi cessa complétement pour cette journée; alors seulement on put se rendre compte du désastre. Notre cuisine avait de grands dégâts ; le bâtiment avait été criblé de projectiles, le sol était jonché de débris de tuiles, de verre; pas une cheminée n'avait été épargnée. Ces soldats contemplaient leur caserne à moitié démolie, d'un œil morne et terrifié. On s'étonnait de l'effet terrible qu'avaient produit les obus sur le fort. Et pourtant, ce n'était que le commencement !

Le bâtiment dans lequel se trouvait le bureau du télégraphe fut également endommagé; la toiture fut démolie, les plafonds percés; dans la chambre même se trouvait un amas de décombres. L'appareil électrique avait été dérangé, mais je parvins néanmoins à communiquer avec Neuf-Brisach : ce fut la dernière fois. J'étais encore occupé, quand un obus vint frapper contre le mur un peu au-dessus de la fenêtre. Un moment après, un projectile entré par la façade dans la chambre à côté de la mienne, éclata avec fracas, enfonça la porte de mon bureau et brisa en mille morceaux l'appareil électrique et tout ce qui se trouvait encore dans cette pièce. La nuit fut tranquille, quelques coups de fusil tirés du haut des remparts dans le lointain; quelque sentinelle qui aura cru voir quelque chose de suspect. Du côté de Neuf Brisach, en dehors la porte de Colmar, une immense lueur éclairait le ciel. Dans la journée l'ennemi avait incendié, pour déblayer les abords de cette porte, le moulin de M. Miesmer et d'autres bâtiments, situés sur la route de Colmar. La lueur éclairant la nuit provenait de ces bâtiments qui étaient encore en flammes.

3 novembre.

La nuit du 2 au 3 novembre fut complétement paisible; on ne comptait pas naturellement les quelques coups de fusil tirés par les sentinelles. Nos soldats groupés dans les casemates et batardeaux ne dormaient point; le silence les inquiéta. Ils avaient raison, car c'était en effet le calme précédant l'orage. Ceux qui, fatigués par le travail et le vacarme de la journée, et que le sommeil avait maîtrisés, furent réveillés à la pointe du jour par le bruit du canon.

A sept heures dix minutes, un bruit, un sifflement dont on avait appris déjà à connaître la nature, mit subitement la garnison en éveil. C'étaient les obus qui éclataient sur le fort; cette fois l'ennemi avait installé de nouvelles batteries sur une hauteur, tout près du Vieux-Brisach.

Le bombardement venait de s'ouvrir avec plus d'intensité que la veille. Aux obus l'ennemi avait ajouté des bombes.

A partir de ce moment jusqu'à trois heures vingt minutes du soir, plus de huit heures durant par conséquent, le feu de l'ennemi ne cessa pas un instant. M. Bailliet, aidé par son brigadier commanda avec énergie notre artillerie, la dirigea avec beaucoup d'activité et une grande précision et fit beaucoup de mal aux Allemands. Nous aussi nous eûmes à souffrir, car les projectiles et les bombes tombaient autour de nous sans interruption. Mais ce qui nous fit souffrir surtout, et ce qui nous causa un certain découragement, était le manque de canons, de mortiers, de projectiles et de munitions. L'imprévoyance coupable qui a si généralement présidé du côté français, aux préparatifs de cette guerre, avait régné au fort Mortier comme ailleurs, et le deuxième jour nous commencâmes à calculer et à compter les coups que nous avions à tirer.

Voilà notre faiblesse, voilà comment l'ennemi nous fit du tort; ne pouvant pas faire un feu continuel sur les batteries badoises, elles étaient facilement remplacées dès que nous parvînmes à les démonter. Comme nous ne pûmes tirer que par salves, c'est-à-dire deux ou trois coups par pièce, pour économiser nos projectiles, aussitôt que nous cessâmes le feu, il n'y eut plus moyen de résister sur les remparts. Il fut aisé alors à l'ennemi de nous cribler de projectiles, de démonter nos canons, et de briser nos mortiers.

Il était sans inquiétude aucune, nous dominant d'une hauteur et de bien près, son tir lui devint très-facile. Pour donner plus de justesse à ce dernier, un observateur était placé sur un vieux château, une vieille tour située sur une petite colline au nord de Vieux-Brisach. De là, l'individu en observation put voir moyennant une longue vue (car eux en avait une), l'endroit où touchaient leurs projectiles et l'effet qu'ils produisaient. Un obus, une bombe, mal dirigés, le tir était aussitôt rectifié.

De plus, un appareil électrique était installé dans le clocher du Vieux-Brisach, et en communication avec un autre appareil placé près des deux batteries au sud de la ville. C'est par ce moyen, moyen très-bon que l'ennemi parvint en si peu de temps, à brûler nos bâtiments, à démonter nos pièces et à démolir le fort entier.

Eh bien! il était défendu à nous, de faire feu sur cette tour; cependant on savait qu'il devait y avoir là, quelqu'un pour observer et faire rectifier les erreurs. Quant à moi, j'en étais sûr, car, ayant fait attention à leurs coups, j'ai vu, chaque fois qu'un projectile tombait à gauche du fort, faire signe par l'individu, et sûrement le coup après portait à droite, ainsi de suite.

Désirant toujours m'assurer de ce que j'avais vu, et afin de découvrir la vérité à ce sujet, un hasard fortuit me la prouva quelques jours après.

Sur la route où l'on nous mena comme prisonnier de guerre, je parvins à causer quelques mots avec un Badois; bref, sans cependant lui demander, il m'affirma qu'il y avait bien dans cette tour un observateur et que lui-même a vu moyennant sa lunette, l'effet produit sur le fort par leur artillerie.

Je ne sais quelle raison on pouvait avoir, pour ne pas laisser démolir par notre artillerie, ce poste si important pour nos adversaires.

A sept heures quarante minutes du matin, j'ai vu tomber une bombe de 32, au pied de la caserne, rouler le long d'une rigolle et venir éclater au bout de deux bonnes minutes devant la boulangerie, qui heureusement était fortement blindée avec de gros arbres. La fusée est venue tomber à côté de moi, elle brûlait toujours; sa flamme était d'une longueur de dix centimètres environ. Le sergent Poisson qui se trouvait près de moi chercha à l'éteindre en marchant dessus, mais il n'y parvint pas. Elle cessa de brûler lorsque la composition fut complétement consumée. Le canon ennemi grondait toujours. C'était un continuel roulement de tonnerre, des sifflements stridents qui traversaient l'air ; puis, le fracas des toitures et des murs qui s'écroulaient.

De huit heures quarante à huit heures cinquante, nous avons observé le tir badois. Dans ces dix minutes, ils ont tiré vingt-sept coups de canon ou mortier. Voici le résultat de notre observation.

Projectiles passés au-dessus du fort.	3
Projectiles dans et contre les remparts. . .	13
Et enfin dans le fort.	11
Total.	27

Impossible de rester sur les remparts ; la sentinelle placée à côté de chaque canon fut obligée de se coucher, à chaque instant, et de s'abriter derrière la banquette des murs. A dix heures nous cessâmes notre feu complétement. Profitant de notre silence, et sans doute pour se venger du mal que nos premières décharges lui avaient causé, l'ennemi s'acharna contre nous avec une furie sans pareille.

Les obus et les bombes tombaient comme la grêle, brisaient et démontaient tout. L'incendie venait d'éclater à deux heures quarante, le feu était dans le fort, au sommet de l'angle formé par les deux bâtiments, allumé, croyait-on, par une bombe tombée dans une chambre où se trouvaient encore quelques paillasses et autres objets de literie. Depuis que l'on avait vu le fort incendié, l'agitation avait augmenté encore, mais sans que ce fût un sentiment de peur qui produisit ce surcroit d'émotion. Non, on s'y attendait, et on sentait le danger, mais chacun ou presque chacun, sentait aussi grandir ses devoirs, son sang s'échauffer; la crainte fit place au courage et au dévouement. On se serra les uns contre les autres, et profitant d'un instant de répit, au risque d'être tué par les projectiles qui éclataient de tous côtés, par les poutres, les murs qui s'effondraient, un à un on se précipita dans les chambres où l'on croyait encore pouvoir sauver quelque chose.

Quelques-uns essayaient d'éteindre le feu, cela leur fut impossible, faute de pompes à incendie et instruments de ce genre. D'autres jetèrent par les croisées, tables, bancs, etc..., en un mot, tout ce qui pouvait s'enlever des chambres les moins atteintes par les projectiles. Ce travail fut fait avec un dévouement et un zèle admirables. Dans l'espace de cinq minutes, il y avait dans la cour un tas d'objets divers, qui auraient une fois incendiés, fait jaillir la flamme et rempli de fumée, la cour et les casemates au point de nous étouffer.

Malgré cette juste prévoyance, le feu fit des progrès rapides, le bois étant en trop grande quantité dans la construction de tous ces édifices. Ces deux bâtiments, formant ensemble un angle droit, avaient pris feu à la même heure, l'un incendiant l'autre par les étincelles qui jaillissaient du brasier, et par les morceaux de poutres enflammées que les éclats d'obus firent sauter de tous côtés.

Comment porter secours, comment éteindre le feu sur plusieurs points différents et sans le moindre outil!!

Il fallut laisser achever l'œuvre de destruction, laisser brûler ce que le canon ne pouvait pas démolir.

Au fur et à mesure que l'incendie faisait des progrès, le bombardement devenait terrible, les obus et les bombes tombaient par centaines sur les bâtiments enflammés, blessant ceux qni voulaient se dévouer au sauvetage, ravivant le feu, et éclatant avec fracas au milieu du bruissement des flammes, de l'écroulement des façades et des toitures entières.

Une heure se passa ainsi sans une minute d'interruption. Nos canons avaient cessé de tirer depuis onze heures du matin, et l'ennemi, nous croyait sans doute cachés dans les casemates ou écrasés par ses projectiles.

Non, tout le monde veillait, nos sentinelles surtout; malgré la grêle d'obus qui tombaient sur nos remparts, elles n'abandonnèrent pas leurs postes. Enfin il y eut un moment de répit, mais ce silence nous fit prévoir quelque événement nouveau. A trois heures quarante-cinq, un garde mobile se précipita dans les casemates : « A l'assaut ! à l'assaut ! les Prussiens ! » cria-t-il. Ces mots : les Prussiens, à l'assaut, animèrent nos soldats d'un sentiment de rage et de fureur. A peine le sous-lieutenant Jarrige, du 74e de ligne, eut-il prononcé les mots : « En avant ! » que les hommes s'élancèrent sur les remparts avec tant d'entrain, que la garde mobile, commandée par le lieutenant Heuschel, officier plein de courage et qui s'était fait remarquer par son sang-froid et sa bravoure, eut cette fois-ci de la peine à arriver en même temps que les soldats. Les artilleurs ne furent point les derniers non plus. Le sous-lieutenant Sée était prêt aussi ; sa section formait la réserve, attendant avec impatience le moment de se battre.

L'ennemi était à la porte du fort, déjà un soldat prussien avait enfoncé à coups de hache les palissades qui nous masquaient l'entrée principale. Un clairon sonna la charge, un officier se tenait à côté de lui, sabre en main, montrant à ses soldats le chemin du fort. Ces derniers accouraient, criant de toutes leurs forces : *hourrah ! hourrah !* et je ne sais encore quels mots, croyant pouvoir monter sur les remparts sans coup férir, et pénétrer dans un fort abandonné.

Tout à coup nos soldats ouvrirent du haut des fortifications une vive fusillade ; une pareille réception a dû étonner l'ennemi, car aussi vite qu'il était accouru, il s'en retourna après avoir tiré quelques coups de feu. Nos canons lancèrent quelques bordées de mitraille sur les fuyards, qui firent plusieurs victimes dans les rangs des Badois. De notre côté, nous n'eûmes qu'un seul homme légèrement blessé.

Grâce au château, au moulin entouré d'arbres et aux constructions qui s'élevaient entre

Biesheim et le fort, l'ennemi put se cacher et nous n'obtînmes pas l'effet que nous attendions de notre mouvement.

Ces constructions, solidement faites, ombragées par des peupliers, de grands saules et d'arbres fruitiers, dont les derniers arrivaient jusqu'à quelques centaines de mètres du fort, pouvaient servir d'abri et de poste d'observation à l'ennemi, et il fallut en décider le sacrifice.

Nos artilleurs se mirent à l'œuvre sur-le-champ pour incendier les bâtiments que les nécessités de la défense du fort venaient de condamner, mais encore une fois trop tard. L'infanterie prussienne s'était complétement retirée, son artillerie devait commencer. En effet, quelques minutes après, sachant sans doute que l'assaut avait été repoussé, le canon badois tonnait avec fracas. Plus de trève, plus de silence ; c'était une infernale grêle d'obus et de bombes qui sifflaient avec fureur, et dont les éclats de plomb, de fer, en coupant l'air, mêlés avec le bruissement des flammes, le craquement des poutres, formaient une espèce de bruit sourd qui glaçait de terreur. Nos fantassins ne pouvaient plus rien faire contre l'ennemi avec les chassepots, et s'étaient retirés au cri de : Vive la France ! l'espoir dans le cœur et satisfait de cette opération.

Il y avait dans le fort des soldats aguerris, pleins de courage et de résolution ; les jeunes et la garde mobile cherchaient à les imiter.

Cette garde mobile et ces jeunes volontaires, qu'on n'avait pas voulu prendre au sérieux tout d'abord, devenaient plus familiers avec le danger et les secrets de l'art de la guerre.

Chacun avait compris qu'une grande et lourde tâche lui incombait et s'était rapidement soumis aux exigences militaires. Tous ces jeunes gens, gardes mobiles et volontaires, surtout ceux qui aidaient les artilleurs, s'étaient fait remarquer par leur courage et leur attachement au service. Dans très peu de temps ils étaient au courant des manœuvres du canon et des mortiers. Les bonnes leçons, l'exemple de leur chef avaient porté leur fruit. Côte à côte avec les vieux troupiers, ils passaient les nuits sur les remparts, manœuvraient, chargeaient le canon, les mortiers, avec l'exactitude et la précaution des anciens canonniers. Nos vrais artilleurs admiraient avec bonheur l'entrain, les mouvements sûrs et décidés de leurs auxiliaires, jeunes et inexpérimentés compagnons d'armes. Notre artillerie ne parvint pas, comme elle l'aurait voulu, à mettre le feu aux constructions désignées, n'ayant pas de fusées incendiaires; soit que les bâtiments étaient vides, nos obus, qu'il fallait toujours économiser, trouèrent les toitures, criblaient et éclataient à l'endroit voulu, mais sans y mettre le feu.

L'ennemi, qui n'entendait pas que cette opération se fît commodément, caché dans quelque creux de terrain, nous fit essuyer un feu bien nourri.

Assaillis d'un côté par la fusillade, de l'autre par les obus et les bombes, menacés par les flammes qui jaillissaient du brasier, entourés d'une fumée épaisse et suffocante, nos braves artilleurs furent obligés d'abandonner leur projet et de se réfugier dans les casemates, seul refuge du fort. Les obus continuèrent à pleuvoir pendant toute la nuit, et à chaque instant la sentinelle en observation sur les remparts du côté du Rhin criait de toutes ses forces : « Gare la bombe ! » C'était un jeune volontaire du 74e de ligne qui prévenait ainsi ses camarades, occupés à préserver du feu le seul bâtiment qui nous restât encore. Séparé des deux autres par un escalier en pierre, nous cherchâmes autant que possible d'éteindre le feu dès qu'il voulut s'allumer, car c'était dans ce dernier que nous avions nos vivres; au-dessus se trouvait la grande voûte de la porte principale; d'un côté, le poste, de l'autre une casemate et le magasin d'artillerie où il y avait le vin, l'eau-de-vie, presque toutes les munitions de bouche et le mobilier des officiers de la garnison.

Toute la nuit les projectiles se succédèrent presque sans interruption. Une lueur vive couvrit tout le fort.

Le feu fit des progrès rapides, et, en très peu de temps, les deux principaux bâtiments à angle droit, c'est-à-dire plus que la moitié du fort, ne formait plus qu'un seul brasier. Toute la garnison était là, contemplant d'un œil morne ce triste tableau ; on se disait avec terreur qu'une nuit encore comme celle-là suffirait pour brûler le fort entier, nous écraser, nous rôtir et nous enterrer sous ses ruines. Personne n'osa, dans ce moment parler d'un moyen, afin d'éviter cette catastrophe et d'abréger notre danger. Au rez-de-chaussée d'un des bâtiments en feu, il y avait une écurie dans laquelle se trouvaient encore plusieurs bêtes à cornes. Ces pauvres bêtes sentant la fumée, voyant le feu, car le plafond était déjà atteint, beuglaient, mugissaient effroyablement. Il fallait les sauver, mais les sauver où ?

D'une écurie à l'autre où se trouvaient déjà quelques bœufs, serrés les uns contre les autres, et pouvant d'un moment à l'autre subir le même sort. Néanmoins, il fallut les arracher des flammes, non pas pour leur sauver la vie, car nous n'avions point de place pour les installer, mais pour ne pas les voir griller vivants par le feu.

Quelques hommes des plus courageux se dévouèrent, et se précipitant à travers les décombres de la cour, enfoncèrent la porte qui commença à brûler et parvinrent, avec beaucoup de peine, à arracher des flammes la proie qu'elles se croyaient déjà assurée. Trois canards que le capitaine avait achetés et qui avaient disparus depuis deux jours furent sauvés aussi. Ces volatiles furent donnés aux hommes qui en avaient opéré le sauvetage. Les bestiaux furent menés sous la grande voûte, à l'entrée du fort, où ils furent abattus sur le champ. L'incendie se ravivait par progression, comme sûr de sa proie et comme pour la faire souffrir plus longtemps; le feu semblait vouloir nous entourer de tous les côtés. Légèrement poussés par le vent, les flammes s'allongeaient vers l'escalier conduisant sur les remparts, et cherchaient à nous disputer ce passage. Un effort suprême fut fait sur ce point et nous parvînmes, de ce côté, à arrêter le feu.

---

4 novembre.

Vers une heure du matin le canon de l'ennemi avait cessé de gronder, les Allemands nous croyant sans doute morts ou enterrés sous les décombres. Notre prompt réveil les détrompa.

A deux heures et demie, après avoir distribué une bonne ration d'eau-de-vie aux canonniers dans lesquels je m'étais enrôlé, aussitôt mon appareil électrique brisé, nous montâmes sur les remparts, armé chacun d'un obus ou d'une bombe.

M. Baillet dirigea les mouvements de cette petite troupe; le maréchal-des-logis Donins Pierre (élevé au fort à ce grade), tantôt à l'une tantôt à l'autre pièce, donna le signal du feu. Quant à moi, je dirigeai le feu du mortier de 22, n° 3, quelquefois j'étais comme deuxième servant, au Farouche, canon voisin du mortier. Cinq pièces, dont trois canons de 12 rayés de place : le Cruel, l'Ange et le Farouche et deux mortiers de 22 étaient braqués sur les batteries ennemies du côté du Rhin. Les deux autres pièces, sur le rempart du côté de Neuf-Brisach et de Biesheim ; l'obusier de 16, le Sufrène, une pièce lisse de 16 « le Meagre », furent dirigés sur le château et les constructions que nous avions voulu incendier la veille. Au commandement de feu les sept pièces partirent à la fois : ce fut un bruit épouvantable qui se répétait sourdement dans le silence de la nuit. Pendant une heure, et tant que nous eûmes des projectiles chargés sur les remparts, nous continuâmes le feu.

Les Badois ne tardèrent pas à se réveiller et à se mettre de nouveau à leur terrible besogne. Comme pour nous châtier d'une si vive attaque, et à l'heure où ils auraient voulu prendre du repos, l'ennemi fit feu de toutes ses batteries. Les obus et les bombes commencèrent à pleuvoir de tous les côtés ; la sentinelle en observation avait à peine le temps de crier : Gare la bombe ! que déjà un autre coup était parti. Il nous resta, en ce moment, encore une bombe à côté de notre mortier. A trois reprises différentes nous fûmes obligés de nous coucher, car trois bombes tombées près de nous, éclatèrent successivement.

Enfin, à la quatrième reprise, nous parvînmes à faire partir notre dernier projectile et ensuite à nous sauver des remparts où il n'y avait plus possibilité de rester. Il était alors deux heures et demie ; pendant ces quarante-cinq minutes nous avions envoyé à l'ennemi, avec nos cinq canons et deux mortiers, cent-vingt projectiles.

Tout le monde fut content, on se serra la main de bon cœur ; que n'avions-nous des obus et des bombes à discrétion ?...

Habitué aux sifflements des obus, aux bruits que faisaient les bombes en arrivant, on savait distinguer les uns des autres, se coucher et s'abriter à temps ! Quelquefois on était couvert de terre, on se levait souvent avec une égratignure, mais les éclats les plus dangereux avaient passé au-dessus de nous. On se familiarisait de plus en plus avec les manœuvres du canon, on connaissait presque à coup sûr le tir de l'ennemi et, si la quantité de munitions nous l'avait permis, je crois que nous serions rarement descendus des remparts, les Allemands auraient un peu mieux et plus souvent dansé la valse de l'artillerie française. L'ennemi n'aurait pas si commodément bombardé le fort Mortier ; qui sait, si avec les munitions voulues, nous n'aurions pas fait le salut de Neuf-Brisach. C'est là le grand et seul regret de nos artilleurs. A peine avions-nous cessé le feu que le canon ennemi tonnait avec un bruit épouvantable. Nos canonniers de l'obusier et du Méagre, chargés d'incendier le château furent obligés de se retirer aussitôt. Les boulets et obus qui devaient y mettre le feu, ne produisirent pas l'effet voulu; ils le traversèrent, le criblèrent de trous, mais n'incendièrent pas les bâtiments.

Fatigués, abattus par cet infernal vacarme, on voulut essayer de dormir ; ce fut en vain, couchés l'un à côté de l'autre par terre, dans un batardeau, enveloppés plus ou moins dans une couverture, nous luttâmes avec les fatigues sans pouvoir obtenir le sommeil. Tantôt une bombe tombée sur la voûte sous laquelle nous couchâmes faisait trembler les murs et le sol ; tantôt un obus éclatait à quelques pas de la porte.

Tous ces bruits, entrecoupés par les cris que poussait la sentinelle pour nous avertir de l'arrivée d'un projectile, nous glaçaient de terreur.

A huit heures, après avoir chargé cinq projectiles pour chaque pièce, on se prépara de nouveau à répondre à l'ennemi.

Les braves canonniers allaient, avec résignation et courage, occuper leur poste si dangereux ; nul d'eux ne savait s'il en reviendrait. Ceux qui montaient sur les remparts et ceux qui restaient dans les casemates se disaient adieu, se serraient avec effusion les mains ; puis quand on revenait sain et sauf, on s'embrassait comme s'embrassent des amis qui se retrouvent après une bataille.

L'escalier conduisant sur les remparts était à côté d'un bâtiment en feu et devint presque impraticable. Le passage obstrué par mille décombres fut très dangereux. A chaque instant de gros morceaux de bois en feu, des pierres, y tombaient et rendaient plus difficile encore le seul chemin qui nous restait.

Cependant il fallut se décider ; sur le commandement de : En avant ! les canonniers, M. Bailliet à leur tête, s'élancèrent vers les remparts. Une demi-heure après, trente-cinq projectiles avaient traversé le Rhin et salué de près les Badois.

Malheureusement de notre côté nous avions également éprouvé beaucoup de mal. Deux de nos hommes étaient tombés. Le premier, un nommé Lenormand, du 74e de ligne, de faction à côté du canon le Farouche, fut gravement blessé par les éclats d'une bombe. Le deuxième, nommé Legendre, auxiliaire des canonniers, soldat du 74e de ligne qui, en voulant charger le canon, fut frappé par un éclat de bombe au milieu de la poitrine.

Au cinquième coup que nous voulûmes tirer avec le canon l'Ange, nous fûmes obligés de nous y reprendre huit fois pour le charger, ce fut dans ce moment que Legendre fut blessé. Aussitôt qu'un homme se montrait pour charger, deux ou trois obus arrivaient sur lui. On se couchait, on attendait un instant, puis on essayait de nouveau ; enfin à la neuvième répétition, et après avoir eu un homme blessé, on parvint à charger et à faire feu. Encore une fois nous fûmes obligés d'abandonner nos pièces et de nous retirer des remparts.

Dans le batardeau n° 2, M. Bailiet s'occupait avec quelques hommes à charger les derniers obus et bombes, restes de nos munitions de pièces. Une bombe vint tomber dans une espèce de cave, à l'entrée du batardeau, éclata, enfonça deux portes de l'épaisseur de cinq à six centimètres et cassa la cuisse à Monguret, soldat du 74e qui aidait les artilleurs dans leur travail. Quelle force dans ces éclats de bombes de 32 ! Que de ruines, que de désastres, que de malheurs causés par ces morceaux de fer lancés dans toutes les directions!... L'effet produit et le chemin fait par les éclats de cette bombe est indescriptible et presque incroyable pour ceux qui ne l'ont point vu. Nous fûmes heureux encore d'avoir échappé à un accident pareil, n'ayant qu'un seul blessé à déplorer.

Figurez-vous une trentaine d'hommes travaillant dans un couloir sombre et obscur, large de deux mètres environ.

A la faible lueur d'un falot, ces hommes vidaient un tonneau de poudre, chargeaient les obus et les bombes. Plusieurs barriques de poudre avaient été mises à l'abri dans ce couloir, conduisant par plusieurs détours dans le batardeau où le commandant du fort avait, deux jours avant, fait installer son lit.

Au choc que produisit la bombe en tombant, le falot s'éteignit. On cria aussitôt : « A terre! à terre! » Et les hommes, dans l'obscurité, se couchaient les uns sur les autres, derrière les tonneaux de poudre, au milieu des obus, des bombes chargés. D'autres, à moitié, roulaient par terre, en semant la matière explosible.

Une seconde après, une détonation terrible fit trembler le sol, craquer les portes et sauter les verrous. A ce fracas infernal venaient s'ajouter des cris déchirants et lamentables! Un homme avait les jambes brisées; d'autres s'étaient blessés en tombant et criaient sans avoir beaucoup de mal.

Quel bruit sinistre! quelle lamentation! quelles angoisses au milieu de cette obscurité! On n'osait se remuer ni se lever : on craignait une explosion générale de toutes les munitions parmi lesquelles nous étions couchés! Enfin on alluma le fallot, on ramassa le blessé et on mit l'ordre dans tous ces objets qui auraient pu nous entraîner à une mort terrible.

Depuis une demi-heure l'ennemi n'avait plus lancé de projectiles ; ce fut, non pas pour nous laisser un peu de repos, mais une ruse dont nous faillîmes être victimes. A neuf heures vingt minutes, du haut des remparts, la sentinelle cria de toutes ses forces : Les Prussiens! les Prussiens! A l'assaut! Aussitôt, M. Heuschel, en tête de sa section, se précipita sur les remparts; M. Jarrige ne tarda pas à le rejoindre. La section de M. See y monta également et voulut participer à cette besogne.

Les artilleurs étaient déjà à leurs pièces. L'ennemi, venant de Biesheim, s'approcha du fort. L'avant-garde, en tirailleurs, sembla vouloir nous entourer. Le gros de l'ennemi se fit à peine voir dans les jardins, le long du chemin conduisant dans le fort. Les tirailleurs ennemis, couchés et protégés par des accidents de terrains, ouvrirent une vive fusillade à laquelle nous ne pûmes presque pas répondre.

Notre feu fut dirigé sur les jardins et constructions où se tenait toute l'infanterie allemande. On tirailla ainsi pendant une vingtaine de minutes; l'ennemi, loin d'avancer, cherchait simplement à nous garder sur les remparts où son artillerie devait nous mutiler.

En effet, un instant après, les obus pleuvaient par dizaines. L'artillerie badoise lançait des projectiles de telle façon qu'ils passaient par dessus le fort et tombaient ensuite sur les remparts du côté de Biesheim, en frappant par derrière les soldats qui les garnissaient. Cette feinte était assez bien réussie; mais, par bonheur, nous n'eûmes pas beaucoup de blessés. Un seul homme, nommé Haberkorn, garde mobile, fut atteint par les éclats d'un obus, d'autres furent renversés, couverts de terre où légèrement blessés, mais pouvant néanmoins continuer leur service.

Quelques obus badois, d'une trop longue portée, sifflèrent au-dessus de nous et s'en allèrent éclater près des rangs ennemis du côté du village. Deux ou trois coups de mitraille, mêlés aux obus allemands, et l'assaut fut de nouveau abandonné.

Informés de l'insuccès, les Badois chargèrent leur artillerie et la braquèrent sur un autre point. Il y eut un instant de répit. Profitant de ce moment, nous nous mîmes immédiatement à porter quelques bombes et obus chargés sur les remparts, à côté de nos pièces. Cette besogne était pour ainsi dire finie, le dernier voyage était fait, un seul homme avait encore à monter. Le brave soldat, porteur d'une bombe chargée, parvint jusqu'à côté du mortier où il devait servir. L'ennemi l'avait sans doute aperçu, car tout à coup une forte détonation retentit sur le rempart, l'homme était blessé. Renversé par le choc, ce soldat, nommé Baffaut, du 74e et aide artilleur, fut ramassé sans connaissance, mais tenant toujours dans ses bras la bombe qu'il avait portée avec lui. Nous étions donc vus par l'ennemi, et pour éviter d'autres malheurs, il fallut faire feu le plus promptement possible. Nos pièces et nos mortiers étaient déjà plus ou moins atteints ; n'ayant presque plus de projectiles, nous ne fûmes plus en force, avec notre artillerie, de tenir tête à l'ennemi.

Cette journée du vendredi 4 novembre, nous fut fatale.

A onze heures du matin, nous avions déjà cinq hommes blessés, dont trois grièvement. Je ne sais si c'est la fatalité qui nous avait frappés ce jour, ou quelle raison a pu si promptement démoraliser nos canonniers, si courageux et si résignés jusqu'alors.

M. Bailliet eut à employer tous les moyens possibles, sans cependant prendre le vrai, c'est-à-dire venir à l'action prescrite par la loi, pour les faire travailler et surtout pour les faire monter sur les remparts.

Un seul bâtiment, le logement du casernier, que nous croyions démoli le premier, restait encore debout.

La petite tour dans laquelle était l'horloge du fort, s'élevait majestueusement au-dessus des remparts, et semblait braver les obus de l'ennemi. Déjà deux fois on avait su maîtriser l'incendie qui voulait s'y déclarer. D'un son triste et plaintif, les douze coups de midi venaient de sonner à la petite cloche qui semblait vouloir nous dire adieu et nous faire savoir qu'elle aussi avait été aperçue et menacée par l'ennemi. En effet, elle était déjà condamnée, les artilleurs allemands l'avaient choisie comme point de mire et braquaient leurs canons de ce côté pour brûler le dernier bâtiment du fort.

A midi un quart, un projectile avait traversé la petite tour; un son clair mais triste traversa les airs : la cloche et l'horloge étaient brisées; puis les projectiles se succédèrent sans interruption.

Quelques instants après, la toiture était effondrée; à une heure, une fumée épaisse sortait par les croisées, puis les flammes : le bâtime .t était en feu.

A partir de ce moment, l'ennemi nous bombarda de toute sa force et d'une vitesse effroyable; les obus et les bombes pleuvaient sur le bâtiment incendié, ravivant le feu et faisant jaillir des milliers d'étincelles que le vent chassait de tous côtés. L'ennemi s'étant aperçu de son prompt succès, et voyant tout le côté de l'ouest, c'est-à-dire tous les bâtiments du fort en feu, profita immédiatement de cet avantage pour commencer le deuxième rôle du bombardement. D'intervalle en intervalle seulement, comme pour entretenir le feu, ses mortiers vomissaient des bombes de 32 sur le brasier qui, en éclatant, lançaient dans tous les coins du fort des morceaux de bois enflammés.

Le deuxième rôle de l'artillerie badoise fut de battre en brèche, de démolir et nos pièces et nos remparts. Dans ce dernier comme dans le premier rôle, qui alors était si bien accompli, l'ennemi eut un grand avantage, avantage provenant, sans en douter, de la bonté, de l'amitié, de la trop grande confiance accordées avant la guerre à nos voisins d'outre-Rhin. Ici aussi, comme bien souvent et dans beaucoup d'endroits, le cœur français fut encore victime de sa trop grande générosité. Espérons que cette imprévoyance coupable et presque générale du côté français pourra à l'avenir être corrigé par les nombreux exemples dont nous avons été témoins, et remplacée par une prévoyance sage et fertile.

Nos remparts étaient déjà fortement éprouvés, mais à partir de ce moment, toute l'artillerie ennemie fut dirigée de ce côté.

Ce qui effaça notre doute, et ce qui nous fit croire que l'ennemi avait bien une bonne et exacte connaissance du fort Mortier, c'est son tir continuel sur notre poudrière, nos casemates et batardeaux, seuls refuges de nos soldats et de nos blessés. Des boulets pleins en fer d'un gros calibre frappaient contre les murs, et faisaient trembler les voûtes sous lesquelles s'étaient abrités nos hommes.

Quelles angoisses, quelles tortures pour ces pauvres blessés, dont les souffrances furent augmentées par ce bruit sourd et continuel !

Vers les trois heures et demie, menacée d'un côté par le bombardement, de l'autre par le feu de l'incendie qui s'approcha lentement de son entrée, notre poudrière se trouva fortement exposée. Prévoyant ce danger, nous commençâmes immédiatement à la vider.

Les matières explosibles, telles que cartouches, bombes et obus chargés, le peu qui nous restait encore, fut transporté dans les batardeaux. À l'extrémité de chacun de ces batardeaux, il y avait une petite mine, ou plutôt un commencement de mine, mais remplie de décombres.

Cet endroit, comme le plus sûr, fut choisi pour placer les vingt-six tonneaux de poudre qui nous restaient encore et que l'on voulut d'abord jeter à l'eau. Aidé par les canonniers, M. Bailliet plaça douze tonneaux dans une mine, dans l'autre je parvins à en faire autant. La poudre était donc en sûreté, l'ennemi en profita plus tard.

Le bombardement se poursuivit sans trêve aucune; les remparts et nos canons furent bombardés à outrance, les dégâts y furent nombreux.

L'émotion qui régna dans le fort pendant cette fatale journée fut grande; on se disait avec terreur ce que personne n'osait prononcer au commencement du siége : on accusa alors Neuf-Brisach, comme si cette ville n'avait pas sa part, et les soldats se disaient : « On veut « nous sacrifier pour la ville, on nous abandonne; « pourquoi ne vient-on pas à notre secours? « Ne connaît-on pas les forces de notre dé- « fense? Ne sait-on pas qu'il y a ici, entourés « d'un brasier immense, deux cent cinquante « êtres vivants, enfants de la France, menacés « d'un moment à l'autre de devenir la proie « des flammes? Ne voit-on pas les gerbes de « feu s'élever du fort? »

Ce ne fut pas tout; la nuit devint plus terrible encore. Dès huit heures du soir, le bombardement recommença avec une fureur sans pareille. Ce fut un fracas épouvantable, un tapage assourdissant, produit par les obus et les bombes qui éclataient au milieu des ruines et des décombres incendiés. Vers le milieu de la nuit, la garnison put contempler un tableau triste et terrifiant.

De l'angle, formé par le fort, la base était toute en feu. Les flammes jaillissaient par les portes, les fenêtres, et s'élevaient en colonnes par les toits effondrés; il pleuvait des étincelles; nous marchions sur un sol de feu, nous étions sous un ciel de feu, entourés de feu; nos casemates, nos seuls refuges, étaient pleines d'une odeur suffocante et éclairées par le reflet sinistre de l'incendie. Au milieu de cette mer de flammes, on entendait parfois le cri lamentable poussé par la sentinelle des remparts, qui ne savait comment s'abriter contre la chaleur de l'incendie.

Cette nuit on a dû croire, à Neuf-Brisach et aux environs, que l'œuvre de destruction qui s'accomplissait depuis quelques jours s'achevait ce soir-là par un inconnu et suprême désastre, car le fort Mortler devait paraître un seul brasier dans lequel se lamentaient deux cent cinquante braves soldats sans moyen aucun contre le fléau qui les torturait.

Cette nuit du 4 novembre, ah! ce n'est pas

sans frémissement que nous y reportons nos souvenirs, restera gravée dans la mémoire des soldats et vaillants défenseurs du fort Mortier.

---

5 novembre.

Le lendemain 5 novembre, un immense tas de décombres de toutes sortes, fumant encore, de pierres calcinées, des pans de murs noircis par les flammes, débris de casernes et logements du fort, s'offraient aux yeux du spectateur. Derrière cette première ceinture de ruines, nos remparts criblés de projectiles, labourés et creusés par les bombes, n'offraient pas un aspect moins navrant.

Un épais brouillard couvrait de son voile le fort entier, comme pour cacher les désastres causés par le feu et l'artillerie badoise.

Le pétillement des faibles flammes consumant les derniers fragments de bois troubla seul le triste silence qui régnait alors au fort.

De temps en temps le beuglement du bétail encore vivant, semblait nous demander du secours, la nourriture que depuis un jour et une nuit, on ne pouvait plus lui donner. Le foin avait été brûlé, et je ne sais par quel hasard, les pauvres bêtes attachées entre les casemates, sous un faible abri, exposées à l'incendie, aux projectiles ennemis, n'ont pas été tuées.

A peine les faibles rayons du soleil perçaient l'épais brouillard qui nous cachait, que l'ennemi commençait son œuvre de destruction. Outre les batteries ennemies établies au sud et à l'ouest du Vieux-Brisach, une autre batterie avait été élevée sur la rive gauche du Rhin, non plus sur une hauteur, mais dans un endroit presque à niveau du fort, et d'où elle pouvait nous lancer des projectiles à plein fouet, détruire ce que les autres n'avaient pu atteindre que faiblement.

La poudrière était le point de mire principal de la nouvelle batterie établie au bas du Vieux-Brisach, près du Rhin. Là, le bombardement ne s'arrêta pas une minute, les obus et les boulets en fer y tombaient comme la grêle, brisaient, dévastaient et abîmaient les remparts. La poudrière, heureusement, était bien garantie et vide depuis un jour.

Les casemates ne furent pas moins épargnées. A neuf heures du matin, le capitaine ordonna l'exécution de l'ordre reçu du commandant de la place de Neuf-Brisach dans la dernière dépêche du 2 novembre.

Par conséquent, accompagné du maréchal-des-logis Donins, et à travers mille obstacles, car les escaliers étaient obstrués par les décombres, j'ai monté sur les remparts, et à l'angle, du côté de Neuf-Brisach, nous avons agité le drapeau tricolore. Ce signal, convenu entre le fort et la ville, voulait dire à cette dernière que le fort Mortier avait épuisé ses munitions de canon.

L'ennemi aperçut ce signal et s'acharna davantage encore contre nous. L'escalier, seule issue encore praticable pour monter sur les remparts, avait besoin d'être déblayé pour pouvoir s'en servir. C'était une nécessité pour notre salut. On se mit donc courageusement à l'œuvre. La pelle et la pioche travaillaient sans relâche, au milieu des éclats de bombes et d'obus qui, en traversant l'air, faisaient entendre un sifflement perçant qui glacait le cœur d'effroi !

Plusieurs bombes tombèrent au milieu de la cour et forcèrent nos soldats à abandonner le travail. La bombe éclatée le travail, était repris.

Cette pénible besogne dura ainsi plus de

deux heures et demie, pendant lesquelles l'ennemi n'avait cessé de tirer.

M. Baillet, qui dirigeait cette besogne, fut blessé légèrement à la jambe droite; un éclat de bombe l'avait frappé sur l'os un peu au-dessus du genou.

Il nous restait, en ce moment-là, environ vingt charges tant pour canons que pour mortiers.

On allait donc envoyer encore quelques projectiles à l'ennemi, autant pour lui apprendre que nous n'étions pas morts, que pour lui faire du mal; car notre artillerie était fortement endommagée.

L'Ange, notre meilleur canon, placé juste en face de l'ennemi, avait l'affût brisé; son voisin, un mortier de 22, n° 1, avait été fêlé par une bombe et mis complètement hors de service.

Les trois seules pièces dans cette direction, et avec lesquelles nous aurions pu tirer, étaient complètement à découvert. Les traverses et les masques, seuls abris, avaient été entièrement enlevés. Les canonniers auxiliaires hésitèrent et osèrent même refuser de servir à ces pièces. Le maréchal-des-logis parvint néanmoins à en amener quelques-uns avec lui et à faire feu une dizaine de fois sur la nouvelle batterie qui nous fit tant de mal.

Pendant le temps, que leurs frères, exposés sur les remparts, s'attendaient à chaque instant à être mutilés par un projectile ennemi, quelques soldats qui avaient entraînés avec eux un grand nombre de gardes mobiles, formèrent, dans les casemates, un complot contre la résistance du fort.

Quelques individus, vieux garçons qui, au commencement de la guerre, étaient obligés de se sauver de leurs foyers, de s'engager pour avoir un refuge et une existence, étaient les meneurs de cette manifestation. Ce sont ces individus sans expérience, sans pratique, sans cœur, d'un âge trop avancé pour faire de bons soldats, sans avoir été une seule fois au feu, qui cherchèrent à détourner de la défense, héroïque jusqu'alors, nos jeunes et courageux soldats et gardes mobiles.

Ce sont eux aussi qui osèrent maniferter la pensée d'arborer le drapeau blanc comme les lâches l'avaient demandé ; le capitaine ordonna de planter, sur le plus haut point du rempart, le drapeau tricolore.

Le caporal Laymond avec une pioche, le sergent Génisset, armé d'une pelle, et moi avec le drapeau nous montâmes sur le rempart.

Le drapeau fut planté sur le talus du rempart au cri de : Vive la France ! Au milieu des éclats d'obus et de boulets, trois coups de canon tirés du haut de nos remparts furent le signal de l'arboration. Le drapeau était à peine debout, sans être fixé en terre, que trois bombes tombèrent à nos côtés. Le caporal Laymond et moi nous fûmes couverts de terre, le sergent Genisset eut le talon de son soulier enlevé.

A partir de ce moment l'ennemi s'acharna avec une fureur extrême contre nous et surtout contre le drapeau. Cette manière d'agir avait, pour notre commandant, deux buts : 1° de faire savoir à Neuf-Brisach l'état de notre situation, l'épuisement de nos munitions et projectiles à canon.

2° D'irriter davantage l'ennemi, de lui faire voir que nous ne faiblissions pas et que nous continuerions toujours la même héroïque résistance.

Le bombardement ne discontinua pas une minute ce jour. Les remparts étaient assaillis de projectiles, et les fortifications du côté de l'est, étaient surtout le but principal des batteries ennemies. N'ayant plus de munitions ou presque plus, nos artilleurs ne montèrent plus sur les remparts ; les sentinelles seules y veillaient. On avait de la peine à traverser la cour, pleine de décombres et creusée par les bombes ; de plus, on ne pouvait pas y stationner, sans être exposé à un danger imminent.

Tout le monde s'était réfugié dans les casemates et batardeaux. Triste et abattu, l'un faisait la morale aux plus désespérés ; un autre, un lâche alors, cherchait à prouver à ses camarades que le fort était perdu, qu'il n'y avait plus d'issues pour nous sauver, etc., cependant il y en avait une, mais par égoïsme, par peur, et manque de courage, par crainte de nouveaux dangers, il fit semblant de ne point la trouver. Quant à moi, j'ai profité de ce moment pour voir nos malheureux blessés pour lesquels j'avais préparé, dans mes moments de repos, de la charpie, chose d'une grande nécessité, dont l'infirmerie du fort n'avait pas été pourvue en quantité suffisante.

Ces malheureux étaient couchés, faute d'endroit plus sûr et plus commode, dans un batardeau, sur la terre humide, ayant pour lit un matelas, sur la paille, des draps et une ou deux couvertures. La pièce, ou plutôt le couloir, servant d'ambulance ou d'hôpital, était très étroit et servait à la fois de passage pour le service des sentinelles.

Les cinq matelas, sur lesquels gisaient les malheureux soldats, étaient étendus le long du mur contre lequel frappait de temps en temps un projectile, éclatant avec un fracas épouvantable, qui faisait trembler la voûte et augmentait la souffrance des victimes.

M. Hirtz, médecin du fort, montrait une activité et un courage à toute épreuve; il sacrifiait repos et santé pour que ces chers malades ne vinssent à manquer d'aucuns soins, et que les soldats atteints d'un projectile ennemi n'eussent pas longtemps à souffrir avant de recevoir un premier pansement.

Ce qui fut douloureux et à regretter de ce côté, surtout dans cette triste circonstance, ce fut le manque de place nécessaire, aérée, salubre, pour pouvoir loger et soigner ces hommes gémissant au milieu d'un souterrain sombre et lugubre.

Que de choses manquaient à l'infirmerie; le peu que l'on avait s'était gâté et avait été perdu dans les deux ou trois déménagements, opérés pendant le bombardement; à peine si le strict nécessaire restait encore pour panser ces malheureux dont la chair meurtrie et les blessures infectaient déjà l'air du batardeau.

Voici dans le tableau ci-après le nombre de blessés que nous avons eu pendant le bombardement :

NOMS DES BLESSÉS	RÉGIMENTS auxquels ils appartenaient	BLESSURES
Lenormand.	Du 74e de ligne.	Grave.
Mongueret.	»	»
Legendre.	»	»
Haberkorn.	Garde mobile du H.-Rh.	Légère.
Baffaut.	Du 74e de ligne.	»
Bailliet.	Gardien de batterie.	»
Genisset.	Sergent au 74e de ligne	»
Cornus.	Caporal »	Maladie.

Des sept blessés, quatre ont été laissés au fort avec le caporal Cornus, malade déjà avant le siége. Quelques jours après ils ont été transportés à l'hôpital de Marckolsheim, et soignés par les médecins allemands.

Depuis le matin le feu de l'ennemi n'avait pas cessé un instant encore. Vers les quatre heures du soir, un soldat, vint en courant nous avertir que le batardeau n° 1 (celui du nord), avait été percé, qu'une brèche allait s'ouvrir et qu'il n'y avait plus moyen de s'abriter et de rester de ce côté.

Après celui-ci arrivait un autre, criant en emportant avec lui le peu d'objets qui déjà plusieurs fois avaient été déménagés. Cinq minutes après ce fut un sauve qui peut général, un désordre complet. Ceux qui réfugiés dans la casemate à côté, où le canon frappait aussi et fortement contre le mur, avaient vu des soldats, emportant sacs et bagages en se sauvant, crurent pouvoir sans savoir pourquoi en faire autant. Tout le monde se précipita du côté du batardeau où gisaient nos malades; mais là, à part les compartiments des blessés, toute la place était occupée.

Les fuyards ne savaient plus où aller, une panique générale régna dans le fort. On s'était sauvé sans raison, on criait sans connaître le vrai motif, les peureux seuls croyaient bien faire de crier, car ils se voyaient déjà perdus.

Pour calmer un peu l'émotion qui régnait partout, il fallut prouver que tout ce que les fuyards avaient avancé, n'était que pure invention.

A cet effet, nous avons traversé la cour,

MM. Jarrige, Bailliet et moi, nous sommes entrés dans le batardeau que la plupart des hommes avaient abandonné. Pour toute raison, base de la panique du fort, nous avions trouvé au-dessous d'une espèce de cheminée donnant sur le rempart un tas de terre et de cailloux. Une bombe était tombée juste sur les barreaux en fer qui fermaient l'ouverture de ce conduit et avait ainsi en éclatant, lancé et fait tomber dans le batardeau une certaine quantité de terre.

Chaque fois alors qu'un projectile éclatait sur les remparts et aux environs de cette ouverture, toutes sortes de débris y entraient, roulaient avec un certain bruit le long du conduit et faisaient croire aux plus peureux à l'écroulement de la voûte. Après avoir examiné l'état des remparts, et après avoir bien fait comprendre aux soldats l'objet du désordre causé par quelques-uns, ils rentrèrent de nouveau dans leur ancien refuge.

Les remparts avaient été, ce jour, très-maltraités, deux grandes brèches s'y préparaient. Ce qui nous inquiétait aussi et ce qui nous fit plus mal encore, fut l'état pitoyable dans lequel se trouvaient nos pièces.

L'Ange dont l'affût avait été cassé la veille

déjà, était complétement brisé et mis hors de service.

Le mortier n° 1, de 22, qui avait été fêté dans la nuit du vendredi, était en morceaux.

Son camarade n° 2, de 22 également, avait l'affût brisé et était enterré dans le sol.

Le Farouche avait les roues abîmées.

Le Méagre, canon lisse, était démonté.

Le Cruel, couché sur les débris de son affût, était mort également.

L'obusier seul avait échappé aux nombreux projectiles qui ont dû éclater près de lui.

Il nous restait donc samedi soir, pour répondre à la formidable canonnade de l'ennemi, trois pièces, dont un canon rayé, un obusie et un mortier. Avec cela une dizaine de bombes, une quinzaine d'obus et autant de boîtes à mitraille.

Malgré la triste situation des trois pièces que nous avions encore, nous ne voulûmes pas manquer, la nuit, de répondre à l'ennemi. Profitant d'un moment de répit, nous nous mîmes courageusement à l'œuvre.

Le mortier fut remis sur sa plate-forme et en état de pouvoir servir. Il en fut de mêmedu Farouche. A huit heures et demie du soir nous commençâmes notre feu : ce fut pour la dernière fois.

Le Farouche quoique ayant les roues brisées, et comme pour venger ses frères, fonctionnait encore assez bien. Quinze obus furent lancés de sa gueule de l'autre côté du Rhin, où ils éclatèrent avec un fracas épouvantable.

Son voisin le mortier n° 3 n'avait déjà plus tant de force ; ayant son affût brisé nous fûmes obligés de diminuer les charges, les bombes éclataient presque toutes, avant d'arriver à destination.

Malgré la diminution faite dans les charges de ce mortier, il culbutait et roulait quelques pas en arrière après chaque coup. La huitième fois qu'il fut chargé, une bombe ennemie vint juste au-dessus de nous. Tout le monde la suivit de l'œil, et la voyant venir tout droit sur nous, on se gara et on se coucha à terre à quelques pas du mortier chargé. Un sifflement sourd s'approcha, la bombe arriva, tomba sur la plate-forme du mortier et une détonation terrible retentit dans les ténèbres de la nuit.

La bombe venait d'éclater mais avec elle comme un éclair, une clarté se répandit à côté de nous, puis une seconde détonation, le coup de notre mortier était parti. Le feu y avait été mis, je ne sais par quel incident, au moment où la bombe ennemie avait éclaté!

Tout le monde fut étonné, mais encore plus heureux d'échapper à un coup si terrible, sans aucune blessure.

A partir de ce moment nous n'eûmes plus rien à faire qu'à attendre la fin de ce drame, dont nous fûmes à la fois les acteurs et les victimes. La nuit ne fut pas moins bruyante que les précédentes, le roulement du canon ne s'arrêta pas une minute et se répéta sourdement dans les souterrains où nous cherchâmes qnelque repos.

On attendait avec anxiété l'arrivée du jour, et je ne sais pourquoi, car la même chose devait continuer : toujours le même fracas, les mêmes bruits, seulement, à la pointe du jour, les transes diminuèrent, avec les rayons du soleil un rayon d'espoir glissa dans les sombres et humides casemates.

---

6 novembre.

L'horloge du Vieux-Brisach venait de sonner la huitième heure du matin, lorsque la tranquillité du fort, le faible sommeil de quelques hommes, doux et paisible durant les deux heures de répit, fut soudain agité par le bruit d'une canonnade terrible, qui vint faire revivre, dans ces âmes abattues et déchirées, toutes les poignantes émotions des jours les plus désastreux du siége.

Les obus et les boulets sifflèrent dans les airs, exerçant leurs ravages sur les vieilles murailles du vieux fort tout abîmé, sur les remparts labourés et méconnaissables.

Ce matin l'ennemi couvrait le fort d'un feu des plus nourris. Les batteries de brèche étaient très-bien établies : il fallait redoubier de zèle. La situation ne fut pas cachée aux hommes ; tous se résignèrent, beaucoup montrèrent un grand courage et meilleure volonté; plusieurs des plus hardis ont demandé et obtenu de doubler leur garde sur les remparts, malgré la grêle d'obus que l'on avait à supporter.

Plus de refuge sûr ; partout menace et ruine.

La boulangerie, seul endroit qui nous restait pour faire notre manger avait été atteinte par les bombes. Il était devenu impossible de faire la soupe, les gamelles étaient renversées par les projectiles et les hommes contraints de manger la viande plus ou moins cuite, tantôt avec un morceau de pain tout chaud, quelquefois ou presque toujours avec du biscuit.

L'abandon forcé des remparts et de nos pièces permit aux artilleurs de rester dans les casemates où le découragement se gagnait facilement.

Cette inaction des hommes ne pouvait être que fatale. Pour éviter une manifestation ou une discussion désagréable, M. Bailliet eut soin de faire travailler ses hommes au remplissage des sacs à terre, et de former ainsi des masses couvrant, pour les deux pièces qui restaient encore.

Il arriva cependant un moment où ces réparations furent extrêmement difficiles, sinon impossibles.

Cinquante sacs à terre furent employés à garnir nos pièces à relever l'épaulement. Ce travail fut fait au milieu d'une pluie de projectiles, mais à peine fut-il achevé, que, contents de notre besogne, nous nous disposâmes à rentrer sous l'abri pour commencer le tir. Nous n'en eûmes pas le temps; un obus, de ceux qui nous écrasaient depuis quelques jours (52 centimètres de long sur 22 de diamètre) prit l'épaulement un peu au-dessous de la crête extérieure; toute notre besogne fut engloutie, trois heures d'un travail pénible perdues !!! Le talus, le parapet des remparts, les traverses, les masques des pièces étaient tellement endommagées, qu'un homme ne pouvait se tenir debout sans être vu du dehors. Toutes nos pièces furent à découvert et complétement abîmées ce jour-là. L'obusier seul fut maintenu en bon état. Se servant exclusivement des bombes de 32 et des projectiles décrits plus haut, il était évident qu'une fois le tir réglé, les effets combinés de ces projectiles, dispersions pour les bombes, et pénétration pour les projectiles oblongs, devaient produire les meilleurs résultats, en peu de temps.

Les moments devenaient toujours plus précieux et le temps semblait ne plus s'écouler. Plus que jamais on devint impatient et, à chaque instant, on entendait dire : « Rien de nouveau ? » On attendait sans savoir quoi.... le moment suprême, l'assaut...

Dans la matinée, nous avons essayé de tirer avec une pièce rayée de 12, des boulets sphériques de 16, faute d'engins et de munitions. Voyant le danger grandir, le progrès rapide des brèches, je demandai au capitaine et obtins la permission de me rendre, accompagné d'un volontaire du 74e de ligne, à Neuf-Brisach.

A une heure de l'après-midi, tous les deux en civil, et après avoir serré la main aux amis, nous nous mîmes en route.

Depuis dix jours aucune porte du fort n'avait été ouverte; moi surtout qui, depuis deux mois, n'avait respiré un air libre, je me sentis, malgré le danger, tout léger au moment où le portier-consigne nous fit un passage libre pour le batardeau nord, en nous montrant une petite porte donnant sur le fossé du rempart.

Le petit escalier ou le petit pont conduisant sur les glacis avait été enlevé.

Nous traversâmes l'eau du fossé des remparts sans inquiétude aucune; l'ennemi ne pouvant pas encore nous apercevoir, nous n'eûmes qu'à craindre et à éviter les pierres et les éclats que les bombes, tombées sur les remparts, lancèrent au-dessus de nous.

Pour nous soustraire à la vue des Badois et de l'ennemi postés en dehors de Biesheim, nous passâmes les glacis, en rampant. Malgré cette précaution, l'ennemi nous avait aperçus et nous avions encore à traverser, en dehors des glacis, pour arriver dans les champs, une longue ceinture d'eau qui entourait le fort de ce côté. Sans hésitation aucune, sous une grêle d'obus et de projectiles, nous traversâmes ce dernier fossé; à cause de sa largeur dans cet endroit, de la quantité d'eau et sous le feu meurtrier de l'ennemi, ce passage nous fut pénible.

Nous fûmes couverts de cette eau bourbeuse, froide et glaciale que les obus, en y tombant, firent jaillir de tous côtés. Par un hasard heureux et, grâce à Dieu, nous ne fûmes pas atteints. Nous avançâmes toujours en rampant le long d'un profond sillon d'un champ labouré. A environ deux cents mètres du fort, nous nous arrêtâmes un instant, couchés dans le creux d'un terrain; nous attendîmes que l'artillerie badoise cessât de nous poursuivre de ses effroyables projectiles. Après vingt minutes d'une halte forcée, voyant que l'ennemi nous avait perdus de vue et qu'aucune sentinelle allemande ne pouvait nous apercevoir du côté de Biesheim, nous nous dirigeâmes, à travers champs, sur une pièce de vigne qui, tout en nous abritant, nous conduisait du côté de la ville. De distance en distance, nous rencontrâmes des projectiles oblongs qui avaient labouré le sol et s'y étaient enfoncés sans éclater. Au bout de cette vigne nous étions à moitié chemin, mais alors à la fois sous le feu du canon de Neuf-Brisach, et si on nous avait aperçus, sous celui des batteries ennemies établies du côté de Biesheim.

Pour nous protéger contre le premier, je fis, avecun échalas et un mouchoir blanc, un drapeauque j'agitai du côté de la ville; quant à éviter le deuxième, nous cherchâmes, sans nous faire voir, à gagner le canal du Rhône au Rhin. Arrivés là, nous fûmes sauvés, un sergent de Neuf-Brisach était venu à notre rencontre, nous avait reconnus et introduits dans la ville. A une heure quarante-ciuq minutes, par conséquent, après trois quarts d'heure de marche, y compris les vingt minutes de halte, nous étions rendus chez M. le commandant de la place.

Le capitaine Castelli, commandant du fort Mortier, m'avait chargé d'un écrit pour M. le commandant de Neuf-Brisach, auquel j'ai remis immédiatemeut le billet dont j'étais porteur. Voici son contenu :

A monsieur le commandant de la place de Neuf-Brisach.

Le capitaine commandant le fort Mortier, a l'honneur de vous informer que les canons et les mortiers du fort sont brisés, à l'exception de l'obusier ; les munitions pour ces pièces sont usées, sauf quelques boites à mitraille.

Le rempart du côté du Vieux-Brisach est en brèche, les casemates et batardeaux menacent de s'écrouler ; les bâtiments sont brûlés et le fort est en ruine.

Signé : CASTELLI.

Voici maintenant la réponse que M. le commandant de Neuf-Brisach me remit pour le commandant du fort Mortier :

Je donne l'ordre formel au commandant du fort Mortier de se replier avec la garnison pendant cette nuit et à l'heure qui lui conviendra, sur Neuf-Brisach ; d'emporter, si cela est possible, les blessés ; d'enclouer les canons et de jeter à l'eau tout ce que l'on ne pourrait emporter.

Signé : DE KERROR.

De plus, M. le commandant me disait que, si nous le jugions convenable, et d'après un signal convenu, il ferait ouvrir dans la nuit, au moment où nous quitterions le fort, un feu terrible sur les batteries ennemies, qui pourraient nous inquiéter du côté de Biesheim. Il ajouta que les cinq blessés pourront être portés sur des brancards, selon que M. le docteur le jugera; qu'il fallait former une petite avant-garde, suivre, pour ne pas s'égarer les poteaux du télégraphe, le plus court et le plus sûr chemin à travers champs, Quand la garnison sera sortie du fort, quelques artilleurs pourront encore, pour tromper l'ennemi, faire feu avec l'obusier, lancer les quelques boîtes à mitraille qui nous restaient, enclouer les pièces, jeter la poudre dans l'eau, fermer le fort et se retirer ensuite sur la ville, où l'on vous attendra à telle écluse du canal du Rhône au Rhin.

Les mots d'ordre devaient être les mêmes que ceux que nous avions pour nous retourner au fort Mortier : « Turenne et Troyes. »

Enchantés du plan donné par M. le commandant, et après avoir séché plus ou moins nos habits, nous sortîmes de Neuf-Brisach, dans la ferme conviction d'y rentrer la nuit, accompagnés de nos camarades que tout le monde attendait avec impatience.

Dans les rues de Neuf-Brisach qui nous conduisaient à la porte pour sortir de la ville, nous fùmes arrètés à plusieurs reprises; tantôt c'était un soldat qui avait un frère au fort, tantôt un habitant de la ville damandant après son fils, garde mobile, également au fort. Sans flatterie aucune, ceux qui nous arrêtaient faisaient un grand éloge de la défense énergique du fort Mortier, et attendaient avec impatience ses vaillants défenseurs. Il était alors près de cinq heures du soir; de part et d'autre le canon grondait fortement quand nous passàmes sous les remparts de la ville. La nuit était sombre; d'intervalle en intervalle, sur différents points du cercle noir de l'horizon, comme dans les nuits d'été, de faibles lueurs éclairaient rapidement les ténèbres de la nuit. Une détonation terrible se fit entendre subitement au milieu de la campagne silencieuse. Un sifflement strident passa au-dessus de nous; un obus venait de passer et allait éclater avec fracas dans les murs de la ville que nous venions de quitter. Nous marchàmes lentement et avec précaution dans une profonde obscurité, le long de la ligne télégraphique conduisant au fort. Là aussi, de temps en temps, un épouvantable fracas sortait des ténèbres ; néanmoins l'ennemi semblait avoir ralenti sa terrible canonnade.

Au fur et à mesure que nous approchâmes du fort, le danger augmenta pour nous. Tout en avançant avec soin, nous écoutâmes par moment pour nous assurer s'il n'y avait pas sur notre passage ou aux environs du fort quelque embuscade ennemie. Rien ne parvint à nos oreilles qui aurait pu nous faire croire à la présence de l'ennemi, le canon s'était même tu, et nous pûmes nous approcher du fort sans traverser l'eau, y entrer par la grande route, après avoir passé près du château, où nous croyions trouver un poste ou une sentinelle ennemie. Après avoir prononcé le mot d'ordre, le fort nous fut ouvert, mais du côté opposé du chemin que nous avions pris pour sortir, c'est-à-dire que nous sommes rentrés par le batardeau sud, du côté de Biesheim.

Je remis aussitôt l'ordre écrit par le commandant de Neuf-Brisach au commandant du fort Mortier; celui-ci, après en avoir pris connaissance, rassembla le conseil de défense pour en délibérer. Pendant ce temps, je portai aux soldats les quelques mots d'amitié dont on m'avait chargé à Neuf-Brisach. Il m'est impossible de décrire avec quelle joie et par quelle étreinte de mains je fus reçu par ces hommes. Je ne pus répondre assez vite à toutes les questions qui me furent adressées sur les parents, frères et amis des vaillants défenseurs de Neuf-Brisach. Quelquefois je m'en abstins volontairement, car ce parent, ce frère, cet ami étaient blessé ou n'existaient plus!... La joie fut presque générale quand je leur dis que notre délivrance du fort était proche, et que probablement nous allions rejoindre pendant la nuit nos camarades à Neuf-Brisach.

Quelques-uns seulement, les plus peureux, ceux qui n'étaient jamais sortis des casemates, qui n'osaient monter sur les remparts, qui avaient peur d'un coup de canon, que le bruit rendait malades, qui avaient le sang peu français, ceux enfin qui craignaient et qui savaient sans doute qu'à Neuf-Brisach le même danger existerait, et que là-bas on ne pourrait plus rester des journées et des nuits entières dans les casemates et batardeaux, ceux-là seuls ne prenaient pas part à cette joie et ne voulaient, comme le digne Français, se dévouer jusqu'à la mort à la défense de la patrie; pour eux, la captivité était préférable à la résistance.

Le feu de l'ennemi avait pour ainsi dire cessé, quand le lieutenant Heuschel, destiné pour aller en parlementaire près du major prussien, à Biesheim, me pria de l'accompagner. J'acceptai avec plaisir, surtout quand j'appris que c'était pour demander un armistice de douze heures, et que s'il était accordé on se retirerait sur Neuf-Brisach.

A cet effet nous sortîmes du fort vers huit heures et demie, accompagnés du sergent-fourrier, porteur d'un drapeau blanc, et d'un clairon. La nuit était sombre, de temps en temps notre clairon sonnait fortement pour donner l'éveil à l'ennemi. Déjà nous avions dépassé le château, nous étions sur la grande route de Biesheim, quand, à environ deux cents mètres du village, nous fûmes arrêtés par un formidable : « Wer da ? » auquel je répondis, comme interprète, par les mots : parlementaire fort Mortier.

Après quelques minutes d'attente et à une certaine distance de la sentinelle allemande, quatre hommes armés, accompagnés par un officier s'avancèrent vers nous. L'officier allemand nous banda aussitôt les yeux, au lieutenant Heuschel et à moi ; quant au sergent-fourrier et clairon, ils furent gardés de près à l'avant-poste prussien, où ils attendirent notre retour. Bras sous bras, avec l'officier allemand et conduits par les quatre soldats, nous traversâmes Biesheim et une partie du camp ennemi.

Lorsqu'on nous laissa la faculté de notre vue, nous nous trouvâmes, après une marche de vingt-cinq minutes, et je ne sais par quels et combien de détours, au milieu d'une chambre très-bien meublée et en présence du major et de quelques officiers allemands. On entama aussitôt la question de l'armistice entre le fort et l'ennemi, ce qui à notre grand regret fut nettement refusé. Ces messieurs, entendent mieux la reddition qu'un armistice ; ils s'empressèrent immédiatement de nous apprendre la capitulation de Metz avec le maréchal Bazaine et son armée.

En allemand, comme en français, ce fait nous fut expliqué et rapporté avec une habileté et une éloquence remarquables; un avantage énorme, des conditions favorables, presque fraternelles, furent citées et démontrées par des paroles gracieuses aimables et séduisantes. Je ne sais si cela était convenu d'avance, avec notre capitaine, mais on me l'avait caché, et ce langage si flatteur, produisit un sensible effet sur notre lieutenant.

Il demanda aussitôt les conditions que l'on accorderait au fort Mortier, s'il voulait capituler. Le major ne put répondre directement à cette question, qui m'avait causée une grande douleur. Néanmoins, il nous assura que de très-bonnes conditions seraient accordées, et que si nous désirions entrer en négociations, il enverrait immédiatement un exprès, à Künheim, pour chercher par écrit, les conditions que le général allemand daignerait nous accorder.

De nouveau, les yeux bandés, et accompagnés par un officier, nous fûmes conduits à travers le camp et le village. Malgré cette précaution, je pus distinguer une grande quantité de fusils en faisceaux le long de la route, ce qui nous fit croire à un nombre assez considérable de troupes en ces endroits. L'officier allemand nous avait accompagné cette fois jusqu'à une certaine distance du fort, où je restai avec lui, tandis que M. Heuschel était allé chez le capitaine pour savoir s'il voulait réellement entrer en pourparlers pour la capitulation.

Un quart-d'heure après M. Heuschel revint nous dire que M. le commandant du fort désirerait savoir les conditions et si l'on pouvait les lui donner cette nuit. L'officier prussien fixa à minuit l'heure où il pourrait nous apporter, par écrit, les conditions demandées et faire cesser les coups de canon qui se tiraient encore, d'intervalle en intervalle, sur le fort.

Il était alors près de dix heures et demie, la lune venait de paraître et éclairait de son faible reflet les environs du fort, lorsque nous rentrâmes. Les soldats veillaient et attendaient toujours, quelques-uns avaient déjà préparé le sac, enveloppé dans un mouchoir le peu de linge qui leur restait encore. Une agitation anxieuse régnait dans le fort; on se demandait ce que l'on allait devenir, ce que signifiait ce va-et-vient des officiers et surtout à quoi avait abouti le parlementaire.

Fatigué et abattu, je m'étais couché sur un matelas où je rêvais tristement, quand tout à coup, je fus réveillé par le bruit que font les sabres en traînant à terre. Ce bruit d'abord étrange me rappela aussitôt ce qui s'était passé une heure avant; en effet deux officiers allemands venaient d'entrer dans le fort, et quelques minutes après la capitulation était signée. Le conseil de défense du fort avait trouvé impossible le moyen de se replier sur Neuf-Brisach. M. Jarrige, sous-lieutenant au 74ᵉ de ligne, avait seul adopté et trouvé exécutable ce plan, mais vaincu par le nombre, son courage l'abandonna et il succomba avec ses camarades.

Jamais je n'avais senti dans mon cœur une agitation aussi violente. J'ai vu les officiers déposer leurs signatures sur ce papier, résumé d'un travail pénible de plusieurs mois, du courage de la bravoure, des souffrances, de la défense héroïque de quelques hommes, vaincus par le nombre, par la peur, par la crainte et par l'égoïsme de quelques autres.

Quoique étant en civil et faisant le service du télégraphe au fort, je fus par le bon vouloir de M. le capitaine, désigné au major prussien et fait prisonnier; sans ce bon vouloir de notre commandant je serais avec beaucoup d'autres arrivé à Neuf-Brisach, mais après tout je compte dans la garde mobile.

En ce moment un grand bruit se fit entendre dans le fort; on court, on s'agite, les esprits étaient enfiévrés; on veut des nouvelles certaines.

Un drapeau blanc, surmonté d'un falot allumé, flotte sur le fort! On ne tire plus!!! Les soldats devinèrent cette fatale nouvelle, du reste, elle ne put leur rester cachée plus longtemps. Il y eut quelque chose comme une révolution à la suite de cette nouvelle; des groupes se formèrent, demandant des explications, se précipitèrent dans le magasin à vivres, enfoncèrent les tonneaux de vin et eaux-de-vie qui restaient encore, remplirent les bidons et gamelles, burent, crièrent, jurèrent et menacèrent de faire du désordre. Le capitaine parvint cependant à calmer les esprits les plus échauffés; il avait soigneusement fermé toutes les portes du fort et gardé les clefs. Personne ne pouvait sortir, il fallait rester et attendre que l'ennemi vînt nous chercher.

Après avoir jeté dans l'eau les caisses de cartouches, encloué les canons, on se préparait avec résignation au départ, non pas pour Neuf-Brisach, où nous étions si ardemment attendus, mais bien pour l'Allemagne! Avoir tant souffert, tant de fois risqué la vie, tant patienté pour en arriver là!!

Nota. — Le fort Mortier a été bombardé par 54 bouches à feu.

Ces 54 bouches à feu ont lancé sur le fort Mortier pendant les sept jours, 17,200 projectiles, bombes, boulets et obus.

A ces 17,200 projectiles nous avons à opposer 819 coups de canon; sur ces 819 charges nous avons laissé au fort quinze boîtes à mitraille et quelques obus non chargés.

---

7 novembre.

Le 7 novembre 1870, à quatre heures et demie du matin, le capitaine Castelli, du 74e de ligne, commandant du fort Mortier, évacua le fort. Le même jour et à la même heure, la garnison française, soldats et gardes mobiles furent emmenés en Allemagne.

Une émotion générale régnait sur le visage de ces braves soldats qui avaient montré tant d'héroïsme.

Si l'on n'avait écouté que leur ferme résolution, leur courage, leur dévouement, on aurait résisté encore. Sur les traits de ceux-ci, on lisait l'accablement et la douleur, sur les traits des autres, on distinguait le contentement, je dirais presque la joie. Le capitaine Castelli, avait-il écouté la voix de l'humanité? Le moyen de se replier sur Neuf-Brisach était-il impossible? Est-ce en prenant conseil de son cœur, de sa conscience, de son devoir tout à la fois, qu'il a dit : C'est impossible, le sang versé (si toutefois il y en avait eu), en exécutant l'ordre de M. le commandant de la place de Neuf-Brisach, coulerait sans profit aucun pour la France.

Voyant que les remparts ne pouvaient plus être défendus, il voulait éviter à la garnison les terribles conséquences de l'assaut; il ne voulait pas, sans doute, prolonger les souffrances des soldats, en les emmenant au même et dangereux travail à Neuf-Brisach.

Il y avait de quoi briser le cœur; avoir tant de fois exposé sa vie, bravé la mort en face pendant des jours, des nuits entières, et aboutir ensuite à la captivité!

La résignation seule fut notre consolation. Les soldats, en sortant du fort, brisèrent leurs armes, les jetèrent sur les glacis et se rendirent sur la route où nous attendaient deux ou trois cents soldats allemands pour nous conduire à Rastadt (grand-duché de Bade), où nous avons été internés.

La petite troupe se mit en marche; un dernier regard, un dernier adieu, et...

Puis les troupes allemandes entraient dans le fort!

FIN.

Paris. — Imp. F. Debons et Ce, rue du Croissant, 16.

www.ingramcontent.com/pod-product-compliance
Ingram Content Group UK Ltd.
Pitfield, Milton Keynes, MK11 3LW, UK
UKHW022119190726
13855UKWH00003B/947

9 782013 066051